행복한 삶이란

나 이외의 것들에게 따스한 눈길을 보내는 것이다.

우리가 바라보는 밤하늘의 별은
식어버린 불꽃이나 어둠 속에 웅고된 돌멩이가 아니다.

별을 별로 바라볼 수 있을 때,
발에 채인 돌멩이의 아픔을 어루만져줄 수 있을 때,

자신이 잃어버린 것이 무엇인지 깨달았을 때,
비로소 행복은 시작된다.

사소한 행복이 우리의 삶을 아름답게 만든다.
하루 한 시간의 행복과 바꿀 수 있는 것은
이 세상에 아무것도 없다.

–헨리 데이비드 소로, 『월든』

1℃ 인문학

하루가 더 행복해지는 30초 습관

Your life is beautiful

플랜투비 지음

CONTENTS

1 축구팀의 유니폼을 칠하라 ● 10

2 Gregory Project ● 18

3 1600 Panda Tour ● 26

4 Liter of Light ● 34

5 춤추는 신호등 ● 42

6 Call Someone You Love ● 50

7 VANK 메모지 ● 58

8 동물 지우개 ● 64

9 Pugedon ● 70

10 실종아동 우표 ● 78

1℃ 인터뷰

Call Someone You Love 프로젝트 기획자

Matt Adams ● 84

1℃ 인터뷰

이화외국어고등학교 VANK 동아리

조승지, 신정문, 김수지 ● 88

LOVE

1 손으로 만지는 졸업앨범 ● 96

2 마지막 초상화 ● 104

3 펭귄 파운데이션 ● 110

4 해피 애니멀스 클럽 ● 118

5 상상력 공장 ● 126

6 아프리카의 외침 ● 132

7 독도 강치 이야기 ● 138

8 Wil Can Fly! ● 144

9 아빠의 임신 ● 150

10 마침내 열리는
  따뜻한 결혼식 ● 156

1℃ 인터뷰
'An Act Of Dog' 화가
Mark Barone ● 162

1℃ 인터뷰
'Happy Animals Club' 운영자
Ken ● 166

COURAGE

1 고양이 허니비 ● 172

2 장애를 이긴 질주 ● 178

3 보스턴 스트롱 ● 184

4 FC 판히섬 ● 190

5 선입견 ● 196

6 시간을 거꾸로 돌리는
  실험 ● 202

7 응원의 다리 ● 210

8 Get Closer! ● 216

9 홀스티 선언문 ● 222

10 어느 95세 노인의 수기 ● 232

1℃ 인터뷰
대한민국 패럴림픽 국가대표 선수
서보라미 ● 238

1℃ 인터뷰
응원의 다리 프로젝트 기획자
장다빈 ● 242

PEOPLE

1 화살표 청년 ● 248

2 태종대 두 영웅 ● 254

3 돌아온 리더 ● 262

4 푸른 눈의 한국인 ● 270

5 진도 노부부 ● 276

6 라과디아 판사 ● 282

7 이건수 경위 ● 288

8 프리다 ● 294

9 도브리 할아버지 ● 304

10 歌王 조용필 ● 312

1℃ 인터뷰
남해해경청 특수구조단
신승용 경사 ● 320

1℃ 인터뷰
진도 노부부
한추향 할아버지 ● 324

SOCIETY

1 희망을 싣고 달리는 택시 ● 330

2 안녕하세요, 준희 ● 338

3 마! 라이트 ● 344

4 The Social Swipe ● 352

5 SSEKO 샌들 ● 360

6 Very Good Manner ● 370

7 지하철 계단의 비밀 ● 378

8 발자국 나무 ● 384

9 미리내가게 ● 392

10 따뜻함의 순간 ● 400

1℃ 인터뷰
'SSEKO DESIGNS' 대표
Liz Bohannon ● 410

1℃ 인터뷰
미리내 운동본부 대표
김준호 교수 ● 414

IDEA

지식보다 중요한 것은 상상력이다.
지식에는 한계가 있지만 상상력은
세상 모든 것을 끌어안기 때문이다.
정말 위대하고 감동적인
모든 것은 자유롭게 일하는
이들이 창조한다.

−이론물리학자 **알버트** 아인슈타인

축구팀의
유니폼을 칠하라

충전은 핸드폰만 하나요?

다들 어렸을 때
색칠놀이 한 번쯤 해보셨죠?

그런데 어른들도
색칠놀이를 한답니다.

"축구팀의 유니폼을 칠하라!"

브라질 축구팀 EC Vitoria의
'My Blood is Red & Black' 캠페인

IDEA

열정의 나라 브라질,

그곳에는 해결해야 할
중요한 문제가 있었는데요.

바로 '자발적인 헌혈문화'
확산이었습니다.

이러한 사회적 문제를 해결하기 위해
100년 전통을 자랑하는
명문 축구팀 EC Vitoria가 나섰습니다.

<u>그들은 전통이 담긴</u>
<u>기존 유니폼의 붉은 줄무늬를</u>
<u>모두 흰색으로 바꾸고,</u>

목표한 헌혈자 수에 도달할 때마다
마치 핸드폰 배터리를 충전하듯
흰색 줄무늬를 점점 붉은색으로 채워나갔습니다.

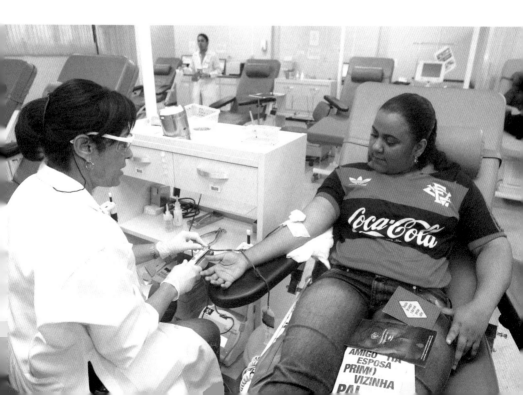

팀에 대한 애정이 강했던
EC Vitoria의 팬들은
헌혈 캠페인에
적극적으로 참여하였고,
결국 목표를 달성하였습니다.

보세요, 팬들의 참여로
유니폼의 색이 붉은색으로 완성되었죠?

이후 헌혈은 **EC Vitoria** 팬의 전통이 되었고,
캠페인을 통해 헌혈 참여율이
무려 46퍼센트나 증가했다고 합니다.

색칠놀이가 바꾼 '헌혈문화'
큰 변화도 작은 재미로부터 시작됩니다.

Gregory Project

옥외광고판을
노숙자의 쉼터로!

**도로를 달리다 보면
우리는 수많은 옥외광고판을 봅니다.**

이 광고판을 더 나은 세상을 위해
쓸 수는 없을까요?

슬로바키아 반스카의 도로 주변은 들판으로 이루어져
많은 옥외광고판이 세워진다고 해요.

그런데 **옥외광고판**이 **삼각형**의 모양으로 설치되어,
광고판 뒷면에 **유휴공간**이 생긴다고 합니다.

슬로바키아의 건축회사인
Design Develop은
이 공간을 이용해 노숙자들을 위한
집을 만들 수 있겠다고 생각했습니다.

g r e g o r y   p r o j e c t

그렇게 '그레고리 프로젝트'가 탄생했고,
그들은 실제로 사람이 생활할 수 있는
공간을 계획합니다.

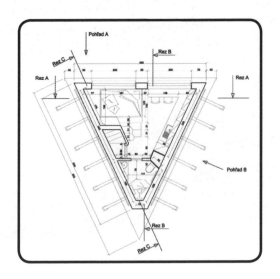

광고판의 좁은 공간을
효율적으로 활용했기 때문에
건축 비용도
최소화할 수 있었고,

집을 짓기 위한 투자 비용과 유지보수 비용은
기업들의 광고비로
충당할 수 있었다고 합니다.

비록 방음과 같은 문제가 있지만,
노숙자들의 따뜻한 쉼터가 되어주는
'그레고리 프로젝트'

우리에게는 불편해 보일지라도
누군가에게는 충분히 아늑한 공간이 될 것입니다.

3

1600
Panda Tour

사라져가는 우리를
지켜주세요!

혹시 절 아시는 분 계신가요?

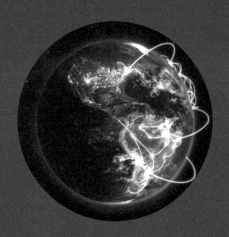

저는 홍콩에서부터 파리, 로마, 베를린,
말레이시아 등을 돌아다녔고,
2015년 5월에는 한국을 방문하기도 했답니다.

많은 사람이
제 사진을 찍고,
안기도 하고
만져도 볼 만큼
저는 아주 유명합니다.

제가 누구냐고요?

저는 종이로
만들어진
판다예요!

프랑스 미술가
파울로 그랑지온의
손에서 태어난 저는

세계자연보호기금
WWF의 도움을 받으며
2008년부터 여행을 시작했어요.

사실 고백하자면 저와 제 친구들,
1,600마리의 종이 판다들은
비행기를 굉장히 무서워해요.
이제 정말 그만 타고 싶을 정도라니까요.

그런데 왜 계속 여행을 하냐고요?
진짜 판다가 멸종 위기에 처했다는 사실을
저희가 대신 알리기 위해서예요.

지금 전 세계에 남아 있는 판다가
1,600마리밖에 없거든요.

여러분!
혹시 세계 어느 곳에서라도
저희를 만난다면,
비록 종이로 만든 인형일지라도
따뜻하게 안아주세요.

그리고 사라져가고 있는 동물들에게
여러분의 포근한 품처럼
따뜻한 도움의 손길을
내밀어주세요.

4

Liter of Light

온 세상을 밝히는
환한 빛이 되기를!

대낮에도 환한 거실을
기대할 수 없는 사람들

**이들을 위한
플라스틱의
아름다운 변신이
시작됩니다.**

LITER OF LIGHT

'Liter of Light' 프로젝트

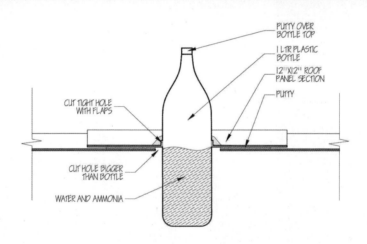

PUTTY OVER
BOTTLE TOP

1 LTR PLASTIC
BOTTLE

12"X12" ROOF
PANEL SECTION

PUTTY

CUT TIGHT HOLE
WITH FLAPS

CUT HOLE BIGGER
THAN BOTTLE

WATER AND AMMONIA

하나의 페트병을
물과 암모니아로 채우고,

IDEA

태양열을 한껏 받으면

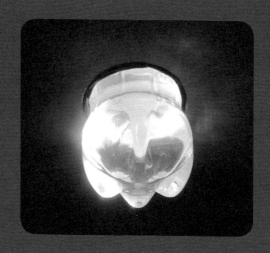

'55와트의 전구'가 된다.

MIT 모서 교수와 학생들의
이 기막힌 발견은
실제로 세계 각지의 어둠을 밝혀주었습니다.

필리핀에서 시작된 작은 움직임은
현재 2만 8천 가구, 7만 명의 사람들에게
환한 빛을 선사하였고

필리핀을 넘어
인도와 인도네시아, 페루,
심지어 선진국인
스위스의 어둠까지도
밝히고 있습니다.

**이 작은 빛이 누군가에게는
커다란 희망의 씨앗이 되겠지요.**

**플라스틱 병 하나가
더 나은 세상을 만들 수 있을까요?**

작은 불빛 하나만으로도
세상은 더욱 밝아질 수 있습니다.

춤추는 신호등

열심히 춤을 추면
그린라이트가 켜질 거예요!

신호위반은 운전자와 보행자 모두에게
굉장히 위험한 일입니다.

**도로 위 신호등은 모두가 안전하기 위한
일종의 '약속'인 셈이지요.**

하지만 사람이라면 그 누구라도
'기다리는 일'에 대해 **거부감**을 느끼게 마련입니다.

Nobody likes to wait.

IDEA

그런데 만약 기다리는 일을
재미있게 만들어주는
신호등이 있다면 어떨까요?

Introducing

The Dancing Traffic Light

여기, 더 재미있게
더 안전하게 길을 건너는 방법
'The Dancing Traffic Light'를 소개합니다.

어느 날 리스본의 한 공원에
정체 모를 커다란 부스가 설치되었습니다.

이 부스는 사람들의 호기심을 자극하기에 충분했습니다.
모두가 한 번씩 들어가보는데요.

부스 안에는
음악을 선택할 수 있는
패널이 마련되어 있고,

그 안에 들어간 사람은
음악에 맞춰 신나게 춤을 추면 됩니다.
이 동작을 카메라가 인식해서
신호등의 빨간 사람으로 보여줄 거예요.

실제로 이 춤 동작은
실시간으로 밖에 있는
신호등에 전해져
그대로 나타났습니다.

횡단보도에 서 있는 사람들은 정지신호 동안
춤추는 사람의 모습을 보며
재미있게 신호를 기다릴 수 있었다고 합니다.

사람들을 기다리게 하기 위해 온몸을 바쳐 만든 신호 덕분에
무려 **81퍼센트**의 사람들이 신호를 **끝까지 기다렸다**고 합니다.

어느 날 갑자기 신호등 속 사람이
춤을 춘다면 어떨까요?
기다림이 조금은 더 즐거워지지 않을까요?

Call Someone
You Love

"목소리 듣고 싶어서
전화했어!"

사랑하는 사람과
마지막으로
전화해본 적은
언제인가요?

시간 있으면
지금 한 번
해보는 건
어떠세요?

"따뜻함을 전하는 공중전화"
Call Someone You Love 캠페인

맷 아담스는 퇴물이 되어버린 뉴욕의 공중전화를 보며,
사람들에게 따뜻함을 줄 수 있는
작은 아이디어를 떠올렸습니다.

'Call Someone You Love'라는
커다란 문구가 새겨진 팻말과 함께
1쿼터짜리 동전들을
테이프로 붙여두었는데요.

캠페인을 시작한 지 얼마 지나지 않아
사람들이 모여 저마다 사랑하는 이에게
전화를 하기 시작했습니다.

IDEA

누군가는 행복한 이야기를 나누는 것처럼 보이고,

또 누군가는 꽤나 진지한 이야기를 하는 것 같네요.

작은 아이디어와 1쿼터짜리 동전만으로도
이렇게 많은 사람을
행복하게 만들 수 있습니다.

지금 잠깐 시간 있나요?
그렇다면 사랑하는 사람에게
전화 한 통 걸어보세요.

IDEA

혹시 누군가가
당신의 전화를
애타게 기다리고
있지 않을까요?

VANK 메모지

역사를 잊은 민족에게
미래란 없습니다

부산에 위치한 '민족과 여성 역사관'은
10년 동안 운영되어 오던
국내 최대의 위안부 자료 보관소입니다.
그런데, 그 수많은 자료가
열악한 환경 속에 방치되어
있다고 하면 믿어지시나요?

"그녀들에게 우리는 작은 도움이 되고자 합니다.
우리는 '민족과 여성 역사관'을 살리기 위해 모인
이화외고 동아리 VANK입니다."

사비로 개관되고 운영되던 '민족과 여성 역사관'은
매달 경영난에 시달리고 있습니다.

전기세 낼 돈이 부족해
관람객이 직접 불을 켜고 끄며,
자료들을 놓을 공간이 없어
바닥에 쌓아두고 있다고 합니다.

"이런 상황 속에서 우리는
'민족과 여성 역사관'을 지키고 싶다는 생각이 들었습니다."

그리고 직접 디자인하여 제작한
메모지를 만들어
후원자들에게 한 권씩 보내드리는
활동을 시작했습니다.

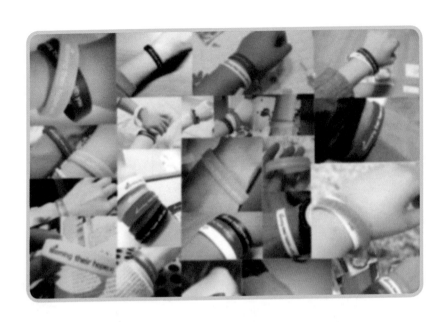

고려대 사회공헌 동아리 '인액터스'에서 진행한
'희움(희망을 꽃피움)' 팔찌와 비슷한 캠페인이지요.
희움은 현재 온·오프라인에서
많은 사람들의 응원을 받고 있습니다.

아직도 일본군 위안부 할머니들은
일본과의 긴 전쟁을
이어가고 있습니다.

IDEA

"그녀들이 마음 편해질 수 있는 세상,
역사관을 지키고
우리 역사를 지킬 수 있는 세상,
우리는 그런 세상이
더 나은 세상이라고 생각합니다."

동물 지우개

지우고 또 지워도
닿지 않기를

귀여운
동물들입니다.
다만,
이 동물들에게는
사연이 있습니다.

**고릴라, 북극곰, 코뿔소 모두
사냥과 서식지 파괴로 인해
멸종 위기에 처했다는 것입니다.**

Kikkerland Design은 이러한 상황을
자라나는 어린이들에게 알려주기 위해
세 가지 종류의 지우개를 만들었습니다.

어린이들은 지우개가 닳고 없어지는 과정을 보면서
멸종 위기 동물에 대한 의식을 갖게 됩니다.

**또한 지우개를 팔고 난 수익금의 2퍼센트는
멸종 위기 동물 연구기관으로 보내진다고 하네요.**

마지막으로 이 지우개는
다른 지우개보다 유난히 크다고 하는데요.

멸종 위기의 동물들이 오랫동안
인간의 곁에 머물기를 바라는 마음을 담아
크게 제작했다고 합니다.

언젠가 지우개는 없어지겠지만,
동물들만큼은 영원히
우리 인간 곁에
머물렀으면 좋겠습니다.

Pugedon

동물과 환경을
동시에 생각하는
착한 자판기

이렇게 많은 플라스틱 병은
얼마나 분리수거 될까요?

이런 자판기가 있다면
우리는 더 즐겁게 분리수거를 할 수 있지 않을까요?

**의미 있는 분리수거를 하게 만드는
Pugedon 자판기를 소개합니다.**

터키의 Pugedon이라는 회사에서는 재활용을 통해 길거리 동물들에게 도움을 주는 아이디어를 생각해냈습니다.

자판기가 어떻게 동물들에게 도움을 줄 수 있을까요?

우선 하단의 투입구에 남은 음료를 버리고,
빈 플라스틱 병을 상단 투입구에 넣습니다.

그러면 밑에 있는 배출구에서
길거리 동물들을 위한 사료와 물이 나옵니다.

길거리를 방황하는 동물들은
쓰레기통을 뒤적거리거나 버려진 음식을 찾다가
결국엔 목숨을 잃는 경우가 대부분인데요.

단순한 작동방식이지만 재미있는 아이디어를 통해
재활용을 유도하고, 동물들에게 사료도 나누어주는
착한 자판기, Pugedon

심지어 이 기기를 운영하는 비용은
분리수거한 재활용 병으로
모두 마련할 수 있다고 합니다.

혹시 여러분은 여러 가지 병을 모아
슈퍼마켓에 가져다주고 간식과 바꿔 먹은 기억이 있나요?

IDEA

10

실종아동
우표

소식을 전하기 위한 엽서가
다른 누군가에게
더 좋은 소식을 전하기를

8,000,000회
매년 전 세계에서 발생하는
실종아동 신고 횟수입니다.

어디로 간 지 알 수 없는 아이들,
최대한 많은 사람이 함께 찾을 수 있는
방법은 없을까요?

캐나다의 비영리단체
'The Missing Children's Network'에서는
실종아동의 사진과 간단한 정보를
우표에 담아 발행합니다.

우표를 만드는 방법은 간단합니다.
Missing Kids Stamp 홈페이지에 접속해
등록된 실종아동의 정보를 본 뒤, 우표로 만들 아동을 선택하면 되는데요.

IDEA

여기에서 실종 당시의 정황이나 간단한 메모도 확인할 수 있습니다.

또한 우표를 잘 사용하지 않는 사람들을 위해
'이메일 서명용 우표'도 다운로드받을 수 있게
만들었다고 합니다.

이 캠페인을 통해
도시와 도시를 넘어
더 많은 사람이
실종아동의 정보를
알게 되었다고 합니다.

"희망을 인식할 수 있는 누군가의 손을 통해
우표가 세상을 여행하길 바랍니다."
−Missing Kids Stamp 프로젝트 기획팀

소식을 전하기 위해
편지에 붙이는 작은 우표 하나,
실종아동 가족들에게는 더 좋은 소식을
전해주었으면 좋겠습니다.

"이 세상에는 문자만으로 표현할 수 없는 아름다운 감정이 많습니다."

— Call Someone You Love 프로젝트 기획자 Matt Adams —

Q 가장 최근에 통화를 했던 사람은 누구인가요?

A 물론 부모님이에요. 저는 부모님을 자주 뵙지만, 전화로 이야기를 나누는 건 또 다른 특별한 무언가가 있다고 생각해요. 저희 세대의 사람들 대부분은 문자나 이메일로 소통하는 일에 익숙하죠. 하지만 전화를 하는 건 우리로 하여금 조금 더 여유를 가지게 하고, 상대가 누구든 간에 같은 순간에 존재한다는 느낌을 주어 참으로 멋진 일 같습니다.

Q 사실 요즘에는 거의 모든 사람이 핸드폰을 사용합니다. 그런데 굳이 공중전화를 이용해 이런 프로젝트를 진행하신 이유가 있나요?

A 공중전화와 핸드폰 사이에는 큰 차이점이 있어요. 우리는 핸드폰을 항상 가지고 다니며 페이스북, 인스타그램, 트위터와 같은 SNS 계정을 확인해요. 하지만 공중전화는 핸드폰과 달리 특별한 느낌이 있어요. 공중전화로는 오로지 전화밖에 할 수 없잖아요. 오직 하나의 공간에서 한 가지 일만 하게 하는 공중전화는 우리에게 정말 특별한 경험을 제공해주는 것 같아요.

Q 공중전화로만 느낄 수 있는 특별함이 있다는 말이 인상적이네요. 혹시 공중전화에 대한 특별한 기억이 있나요?

A 저는 '카밀러스'라는 마을에서 태어났어요. 아쉽게도 어렸을 때부터 단 한 번도 공중전화를 사용해본 적이 없죠. 심지어 제가 자라서 뉴욕으로 이사를 했을 때에도 저는 항상 핸드폰을 가지고 다녔어요. 그러던 중 최근에 공중전화가 빠른 속도로 사라지고 있다는 사실을 깨달았고, 점점 사라져가는 기술을 소재로 감동을 줄 수 있는 프로젝트를 진행해야겠다는 생각이 들었어요. 그 기술들의 가치를 다시금 찾아주고 싶다는 마음이 들었죠. 실제로 제가 Call Someone You Love 프로젝트를 위해 사용했던 공중전화도 지금은 사라진 상태예요. 적당한 시기에 적당한 프로젝트를 한 것 같아 기쁩니다.

Q 프로젝트의 아이디어는 주로 어디서 얻는지 궁금합니다.

A 아이디어는 정말 예상하지 못한 곳에서 불현듯 나타나요. 그리고 아이디어를 찾고 발전시키는 데에는 꼭 한 가지 방법만 있다고 생각하지 않아요. 아이디

어가 언제 어떻게 다가올지 모르니, 그것을 꼭 붙잡을 준비를 하는 게 중요하다고 생각해요.

Q 최근에는 스마트폰 메신저 등의 출현으로 감정을 표현하는 일이 너무나 가벼워지고 있다고 생각해요. Call Someone You Love 프로젝트는 이런 환경에 역행하면서 소소한 감정을 준다고 여겨지는데요. 디지털 시대에 반하는, 아날로그적 감성에 대해 작가 본인만의 철학이 있다면 듣고 싶습니다.

A 솔직히 말해서 저는 매일 사람들에게 전화로 사랑한다는 이야기를 하는 타입은 아니에요. 앞에서 말한 것처럼 저는 문자를 주고받는 일이 훨씬 더 익숙해요. 그것이 우리 세대의 소통 문화이죠. 하지만 저는 문자로는 주고받을 수 없는 '무언가'가 있다고 확신해요. 수화기 너머로 들려오는 상대방의 목소리 톤, 다정한 숨소리, 어떤 단어를 생각해내느라 생겨나는 정적과 같은 것들 말이에요. 아직 이 세상에는 단순히 문자만으로는 표현할 수 없는 것들이 너무 많아요. 저는 이번 프로젝트를 통해 공중전화처럼 사라져가는 사람들의 아름다운 감정들을 다시금 느끼게 해주고 싶었어요.

Q "사랑하는 사람에게 전화하세요!"라는 메시지가 참으로 울림 있는 것 같습니다. 모든 사람이 마음속 어딘가에 숨겨둔 말을 용기 있게 표현하는 일에 어려움을 느끼는데, 이 프로젝트가 도움을 준 것 같아요. 감정 표현에 익숙하지 않은 사람들이 조금 더 쉽게 용기를 낼 수 있는 방법이 있을까요?

A 말씀하신 것처럼 Call Someone You Love는 정말 직설적인 메시지를 전달하는 프로젝트예요. 저는 이 프로젝트가 이름처럼 단순하고 명료한 의미를 지니기 때문에 많은 사람이 그동안 연락하지 못했던 사람들에게 연락을 하고, 특별한 순간을 보낼 수 있었다고 생각해요. 우리 모두는 누군가의 사랑을 갈구하고 또 필요로 합니다. 저는 이 프로젝트를 통해 그들이 감정을 교류하며 행복해하는 모습을 볼 수 있었어요. 타인에게 자신의 감정을 표현하기 힘

들어하는 사람이 있다면, 그들에게 먼저 친절을 베풀어주는 게 도움이 될 것 같아요.

Q Call Someone You Love 프로젝트를 진행하며 가장 인상 깊었던 순간은 언제였나요?

A 한 소녀가 자신의 아버지에게 전화를 했을 때예요. 소녀는 단지 요구르트 가게 앞에서 만나자는 용건을 말하기 위해 전화를 했을 뿐인데, 그녀가 전화를 마치자 그녀의 어머니는 '이 통화가 소녀가 생애 처음으로 공중전화를 사용한 경험'이라고 하더라고요. 어느 누군가는 평생 공중전화로만 느낄 수 있는 감정을 모른 채 살아야 한다는 안타까운 마음이 들었어요.

Q 앞으로 계획하고 있는 프로젝트 아이디어가 있다면 말씀해주실 수 있으신가요?

A 최근에 저는 syracuse.com에서 영상기자로 활동하며 다른 여러 가지 프로젝트를 준비하고 있습니다. 그중에서 가장 애착이 가고 시간을 많이 투자하는 프로젝트는 'Lovers on the Run', 혹은 '보니&클라이드' 장르의 영화 연출이에요. 전 언제나 이런 장르에 관심이 많아요. 특히 열렬히 사랑하는 커플이 서로에게 헌신하는 모습이나, 자신에게 걸림돌이 되는 사람에게는 잔인한 행동이라도 서슴없이 하는 모습에 큰 매력을 느껴요. 물론 아직 이 프로젝트를 완성하기까지는 많은 시간이 남았지만, 제 목표를 이루기 위해 즉흥연기로 이루어진 코미디를 공연하거나 여러 영상을 만들며 험난한 준비를 이어나갈 예정이에요.

"부디 사람들이 귀찮다고 외면하지 말았으면 좋겠습니다."

— 이화외국어고등학교 VANK 동아리 조승지, 신정문, 김수지 —

Q 아직 어린 학생들인데 어떻게 '민족과 여성 역사관'에 도움이 되는 일을 하게 되었나요?

A (조) 제가 입학하기 전에 이 동아리는 활동이 별로 없는 평범한 자습 동아리였습니다. 그런데 선배님들이 동아리를 살려보자고 제안했고, 좋은 활동이 뭐가 있을까 자료를 찾아보던 중 신문기사를 통해 역사관에 관한 문제를 접했습니다. 그때 마침 학교에서는 기아를 후원하는 활동을 진행했는데, 누군가를 돕는 일이 생각보다 어렵지 않다는 것을 깨달았죠. 그래서 우리 동아리도 위안부 문제를 도와보자는 생각이 들어 시작하게 되었습니다.

Q 이화 VANK가 하는 일에는 어떤 것들이 있는지 구체적으로 소개해주세요.

A (신) 저희는 작년부터 모금활동을 시작했습니다. 작년에는 메모지를 활용한 캠페인을 했다면, 올해는 저희가 직접 포스트잇을 만들어 후원해주시는 분들께 감사의 선물로 보답하는 활동을 진행하고 있어요.
　　최근에는 외국인을 위한 책자를 만드는 프로젝트도 새로 시작했습니다. 역사적으로 의미가 있는 시를 영어로 번역하고 옆에 해설을 달아, 시가 쓰인

IDEA

당시의 배경지식을 알 수 있도록 했죠. 메시지가 담긴 책자를 통해 외국인들이 편하게 한국의 시를 접하고, 더 나아가서는 한국문학에도 관심을 가질 수 있도록 했어요. 현재 「만순이」, 「풀」, 「서시」, 「초토의 시」, 「선운사에서」라는 다섯 개의 시 번역을 완료했고, 마무리 작업 중에 있습니다. 10월에는 책자를 제작하고 학교와 어린이 도서관에 배포하여 많은 사람이 관심을 가지고 볼 수 있도록 할 예정이에요.

또한 1년에 한 번씩 한복을 입고 경복궁을 찾아가고 있어요. 두 시간 정도 외국인들과 함께 사진을 찍고 한복에 대해 알리며, 한복에 대한 궁금증을 풀어드리고 있습니다. 올해에는 1, 2학년이 모두 다 같이 갈 예정이에요.

(조) 저희가 외국어고등학교에 다니는데요. 이 활동이 회화에도 많은 도움이 돼요. 4~5명씩 팀을 나누어 경복궁을 돌아다니다가 마지막에는 모두 모여 궁

을 한 바퀴 도는 것으로 마무리하는데, 10월에 책자가 나오면 외국인들에게 직접 나눠줄 수 있을 것 같아요.

Q 메모지를 활용해 역사관을 돕겠다는 아이디어가 참 신선하네요. 어떻게 이런 아이디어를 생각해냈나요? 그리고 현재 역사관을 돕기 위한 추가적인 아이디어도 있나요?

A (조) 제가 예전에 한창 엽서랑 메모지를 수집했었거든요. 그래서 이 프로젝트와 메모지를 연결시키면 어떨까 싶었어요. 아무래도 저희는 학생을 대상으로 하는 프로젝트를 진행하기 때문에 그들이 쉽게 사용할 수 있는 아이템을 선택했고, 단가도 그리 높지 않아서 가장 적합했죠.

(신) 올해는 새로운 아이템을 선정하기 위해 여러 아이디어를 냈는데요. 손거울, 부채, 랩핑 테이프 등 다양하게 생각을 해보았죠. 그런데 학생들이 제일 많이 사용하는 게 메모지나 포스트잇이더라고요. 작년에 진행했던 메모지는 부착을 할 수 없어서 아쉬움이 있었는데, 장 수는 조금 적더라도 더 실용적으로 만들어보자는 생각에 포스트잇으로 의견을 모았어요. 메모지는 100장 정도 나왔는데, 포스트잇은 20장 정도가 되었어요. 메모지에 쓰인 문구 중 하나는 이현세 화백의 「오리발 니뽄도」에서 발췌한 글이고, 하나는 나비를 모티프로 만들었어요.

(김) 위안부와 관련한 이 프로젝트는 메모지나 포스트잇이 아니더라도 쭉 계속해서 진행할 예정이에요.

Q 현재 역사관은 어떤 상황인가요? 아직도 자료들이 방치되어 있고, 관람객이 직접 불을 켜고 끌 정도로 열악한가요?

A (조) 사실 저희가 계속 후원을 하고 있지만, 한 학기를 꼬박 모아 1년에 한 번 전달을 해드리는 데다가, 다른 분들도 후원은 하시지만 정기적이고 일정한

지원은 아니라 아직도 열악한 상황이에요. 게다가 새롭게 위안부 역사관이 만들어지고 있는 상황이라 '민족과 여성 역사관'이 더 외면받고 있는 게 현실이에요. 지자체에서도 후원을 해주지 않아서 민간 후원마저 없어진다면 역사관은 운영되지 못할 겁니다. 운영하시는 분도 관장님 딱 한 분이에요.

Q 현재도 역사관이 재정위기에 시달리고 있군요. 역사관과 위안부 할머니들을 가까이에서 보면 많이 속상할 것 같아요. 활동을 하면서 가장 안타까웠던 적은 언제인가요?

A (조) 위안부 할머니들께서 돌아가실 때가 가장 슬프죠. 이제 정말 몇 분 안 남으셨어요. 최근에 사람들이 후원한 금액으로 제작된 위안부 관련 영화가 있었는데, 원래는 광복절이 개봉 예정일이었어요. 그런데 지금 배급사를 찾지 못해 개봉을 못하고 있어요. 문자를 보내면 3,000원이 후원되고, 저도 꾸준히 보내고 있는데……. 이전보다 위안부나 역사에 대한 관심이 늘었다고는 해도 아직까지 이런 일이 벌어지고 있는 것을 보면 씁쓸할 때가 많죠. 정성 들여 잘 만든 영화인데 아직까지 배급사를 찾지 못해서…….

(김) 저는 후원활동을 하면서 수요 집회와 관련한 포스터를 만들었거든요. 수요 집회가 1992년부터 시작해 23년 동안 계속 이어지고 있고, 오늘 확인한 바로는 1,194번째 집회가 열렸다고 해요. 그런데 그 숫자들을 보면서 긴 시간 동안 할머니들이 어떠한 사과도 받지 못하고, 아무것도 해결되지 않았다는 게 너무 안타까웠어요. 매주 수요일마다 집회에 나가시는 할머니들을 보며, 그 마음이 어떨지 생각해보면 너무 속상해요.

(조) 재작년 여름 8월쯤에 필리핀과 외국의 위안부 할머니들을 초청해 열렸던 수요 집회가 기억이 나요. 그 집회를 가봤는데, 집회 장소에서 일본 대사관이 바로 보이거든요. 그런데 건물 안에 블라인드가 내려진 게 다 보이더라고요. 하나도 빠짐없이 창마다 블라인드가 내려와 있는데, 그 안에 불이 켜져 있는

게 다 보이는 거예요. 집회가 끝날 때까지 개미 한 마리 안 지나가요. 아무도 없는 건물처럼 반응도 없고, 그냥 블라인드를 내리고 해산할 때까지 나오지도 들어가지도 않아요. 아무도 없는 벽에 소리치는 기분이랄까……. 할머니들이 오랜 시간 동안 그런 대접을 받으며 집회를 하셨다는 게 정말 속상했어요.

Q 어린 소녀들이지만 저희가 배울 점이 너무 많고, 또 반성하게 됩니다. 이화 VANK의 궁극적인 목표는 무엇인지, 앞으로의 포부를 말씀해주세요.

A (조) 최근에 저희는 VANK 활동과 관련한 카페를 만들었어요. 그래서 이제 졸업생들도 카페를 통해 함께할 수 있는 자리가 마련될 것 같아요. 아직까지 졸업하신 언니들과 함께 무언가를 하지는 못했는데, 저희 기수부터는 그게 가능해질 것 같아요. 같이 활동도 하고 도와줄 수 있는 부분도 많아지는 거죠. 제가 고등학생 신분이지만 의미 있는 일을 많이 해보고 싶었는데, 그게 VANK를 통해 이루어지고 있는 것 같아서 기뻐요.

(신) 다른 학교의 VANK 중에서 자신들의 활동을 대외적으로 알리기 위해 매체에 연락을 드린 적이 있다고 들었어요. 정말 노력을 많이 했는데, 대부분의 매체에서 기사화하는 것을 거절했다고 하더라고요. 부산의 경우, 세 개의 학교가 연합해서 움직였는데도 그냥 몇 개 매체가 '한 번 만나보자' 정도만 이야기를 주었다고 해요. 그래서 저는 개인적으로 활동을 알릴 수 있는 기회가 더 많아졌으면 좋겠어요. 다 같이 함께해야 의미가 더해지는 거니까요.

Q 끝으로 이 책을 읽고 있는 독자들에게 한 말씀 부탁드립니다.

A (조, 신, 김) 요즘에는 각종 사건사고나 연예계 이야기와 같은 기사를 많이 접하잖아요. 그런데 이렇게 의미 있고, 또 깊게 생각을 해볼 수 있는 콘텐츠는 접할 기회가 많이 부족하다고 생각해요. 그런 면에서 『1℃ 인문학』에 나온 따뜻한 콘텐츠에 사람들이 많은 관심을 가져주었으면 하는 바람이 있습니다.

IDEA

사실 최근에는 캠페인도 많아지고 예전에 비해 위안부에 대한 관심도 높아져서 많은 사람들이 우리가 위안부에 대해 잘 알고 있다고 생각해요. 하지만 아직 위안부에 대한 정확한 표기법조차 모르는 사람들이 더 많아요. 아마 대부분 모르고 계실 거예요. 정확한 표기법은 일본군 '위안부'예요. '정신대'라고도 부르는데, 이건 징병된 사람들과 위안부 모두를 포함한 개념이에요. 또 '종군 위안부'라는 말도 잘못된 표현입니다. '종군'은 자발적인 의미를 내포하고 있거든요. 단순히 '위안부'라고 기입할 시에는 일본의 입장에서 서술한 것이기 때문에, 반드시 작은따옴표를 붙여서 〈일본군 '위안부'〉라고 표현하는 것이 맞습니다. 사람들이 이것만은 꼭 알아주셨으면 좋겠어요.

우리 역사는 여전히 약탈당하고 있어요. 일본군 '위안부'에 관련된 문제뿐만 아니라, 독도, 야스쿠니 신사참배, 또 최근에는 함께 유네스코에 등재하기로 했던 해녀를 일본에서 '아마'라는 명칭으로 단독 추진하고 있죠. 제주 해녀에서 비롯된 아마의 역사를 부정하고, 아마가 해녀의 시작이었다고 주장하는 거예요. 이는 단순히 해녀라는 명칭뿐만 아니라, 일제강점기에 일본에 대항하여 싸웠던 제주 해녀의 역사까지도 모두 사라지는 거예요. '안타깝다' 정도의 마음이 아니라 고쳐야만 한다는 결의와 함께 사과를 받아내고 말겠다는 마음을 가져야 해요. 역사를 지키는 것도 하나의 싸움입니다. 지치고 지겹다고 관심을 꺼버린다면, 그 누구도 우리의 역사를 바로 기억해주지 않아요. 부디 사람들이 귀찮다고 외면하지 말았으면 좋겠습니다. 감사합니다.

LOVE

사랑이란 자신과 다른 방식으로 느끼며
다르게 살아가는 사람을 이해하고 기뻐하는 것이다.
자신과 닮은 사람을 사랑하는 것이 아니라
자신과는 대립하여 살고 있는 사람에게
기쁨의 다리를 건네는 것이 사랑이다.
차이를 부정하는 것이 아니라,
그 차이를 사랑하는 것이다.

–독일의 철학자 **프리드리히 니체**

손으로 만지는
졸업앨범

볼 순 없어도
우리의 소중한 추억을 잊지마

첫사랑은 어떻게 생겼더라?

당신에게는 혹시
추억하고 싶은 과거의 이야기가 있나요?

이 이야기는 우리와는 다른 추억의 감각,
손으로 만지는 졸업앨범입니다.

서울맹학교 졸업생 여덟 명

그리고 이 특별한 앨범은
서울맹학교를 졸업하는
여덟 명의 학생들을 위해 제작되었습니다.

3D 프린터를 이용해
학생들의 모습을 스캔하고,
그 이미지를 토대로
졸업앨범이 제작되는데요.

**앞을 볼 수 없는 학생들이 친구의 모습을
추억할 수 있도록 만들어줍니다.**

이렇게 완성된 특별한 앨범은
졸업식 날 학생들에게 전해졌습니다.

서로의 모습을 만져보고 비교해보며
매우 즐거워하고 있네요.

눈이 보이지 않아도
시간이 흘러 졸업앨범을 만지면
친구들의 얼굴을 기억하고 추억할 수 있겠지요.

추억이란 지나간 시간의 기억으로,
항상 좋을 수밖에 없는
과거의 이야기입니다.

하지만 우리는 그 기억의 감각에 우연히 닿으면
언제 잊었냐는 듯 어느새 그 시간을 떠올리고
이야기를 추억하게 됩니다.

아이들이 이렇게 좋아하는 이유는
아마도 시간이 많이 흘러
서로 다른 이야기 속에서 살더라도

지금의 이야기를 떠올릴 수 있는
'추억의 감각'을
선물 받았기 때문 아닐까요?

LOVE

마지막 초상화

나는 기다립니다
나를 버린 사람을 …

어딘지 모르게 특별한 분위기를 자아내는 이 그림은
버려진 개의 마지막 모습이라고 합니다.

누가 어떤 사연이 있어서 그린 것일까요?

예술가인 **마크 바론**은
산티나라는 개를 기르던
애견가였습니다.

그러던 어느 날,
21살이 된 산티나가
생을 다하면서
마크는 큰 슬픔에
빠졌는데요.

그의 모습을 지켜보던
여자 친구 마리나는
슬픔을 달래기 위해
새로운 개의 입양을
추천했습니다.

그러던 중 인터넷을 통해
유기견을 검색한 마크와 마리나는

입양되지 못한 개들의
'안락사 사진'을
보았습니다.

**그리고 마크는 이 사실을
외면할 수 없었습니다.**

결국 2011년,
생업을 모두 내려놓고
유기견들의 마지막 표정을
그림으로 남겨주는
'An Act of Dog'
프로젝트를 시작했습니다.

그는 지난 시간 동안 수천 장의 그림을 그려내며
예술이 사람들의 인식을 바꿀 수 있는 좋은 수단이라 생각했고,
그림을 인터넷에 게시하여 유기동물 시설 마련을 위한
모금 활동도 함께 진행한다고 합니다.

마지막이 될 유기견들의 모습이
어딘가 슬퍼 보이지만,
다음 생에는 좋은 주인을 만나
꼭 행복하게 웃었으면 좋겠습니다.

3

펭귄 파운데이션

옷 주세요!

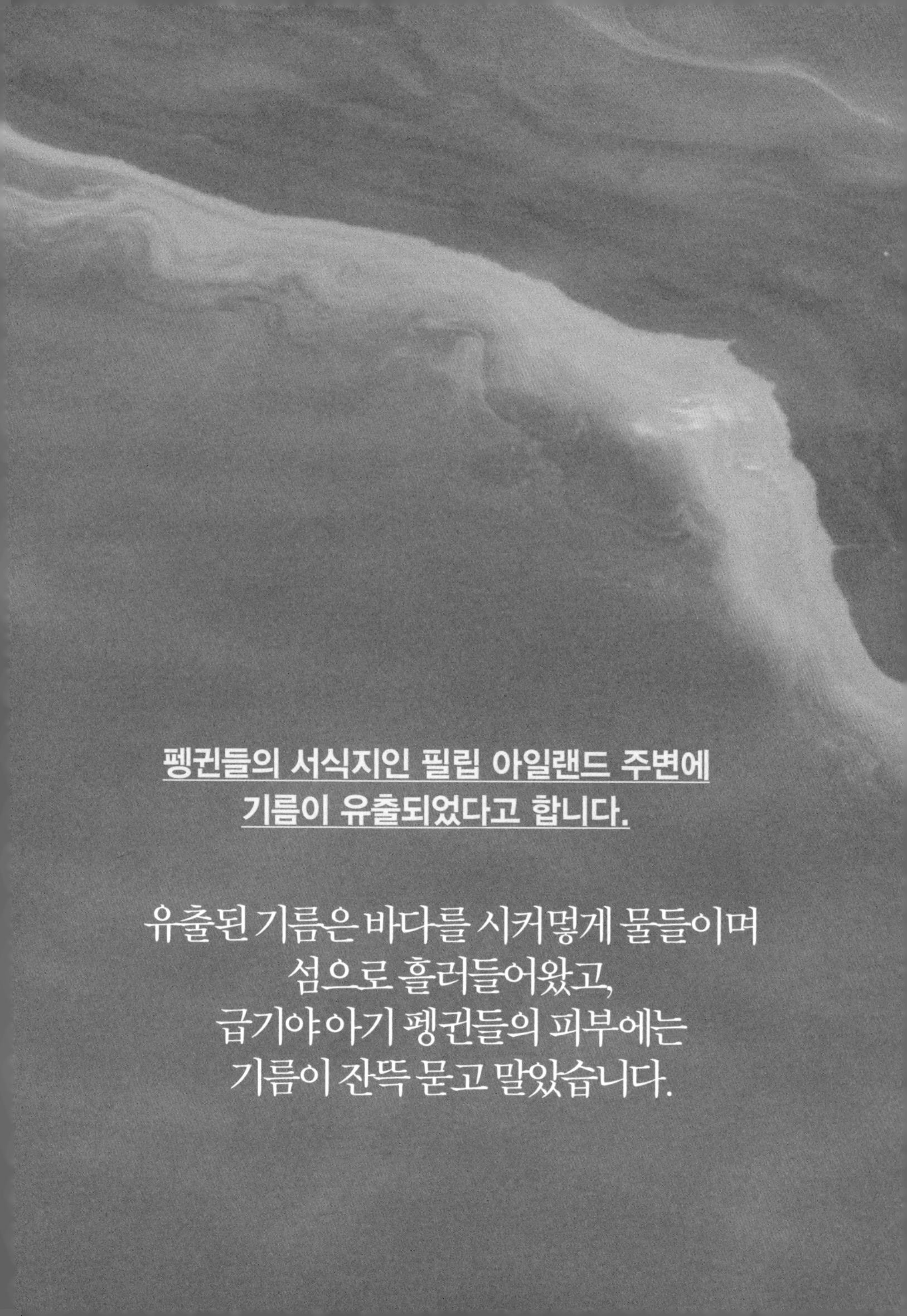

펭귄들의 서식지인 필립 아일랜드 주변에
기름이 유출되었다고 합니다.

유출된 기름은 바다를 시커멓게 물들이며
섬으로 흘러들어왔고,
급기야 아기 펭귄들의 피부에는
기름이 잔뜩 묻고 말았습니다.

펭귄 파운데이션은 어린 펭귄들을 치료하기 위해 나섰는데요.
치료를 마치고 펭귄들을 다시 자연으로 돌려보내기 전
펭귄 파운데이션은 걱정이 되었습니다.

'실내에서 치료를 받던 펭귄들의 피부가
야생 환경에 바로 적응할 수 있을까?'

어떻게 해야 중금속 중독으로부터
펭귄들을 보호할 수 있을까?

그래서 펭귄 파운데이션은 아기 펭귄들의
피부 보호와 체온 유지를 위해

'펭귄 옷 입히기 프로젝트'를
시작했습니다.

LOVE

SNS를 타고 빠르게 확산된 이 프로젝트는
호주에 사는 할머니, 할아버지부터
남아프리카공화국, 스리랑카 사람들까지
세계 각국의 폭발적인 참여를 이끌어냈습니다.

전 세계에서 짜준 니트는
유출된 기름으로 힘들어하던 438마리의 펭귄들을
따뜻하게 보호해주었고,
약 96퍼센트의 펭귄들이 니트를 벗고
무사히 자연의 품으로 돌아갈 수 있었습니다.

이제는 더 이상 니트가 필요하지 않지만,
펭귄 파운데이션은 펭귄을 비롯한 야생동물들이
재활을 이어나갈 수 있도록 모금활동을
진행하고 있습니다.

LOVE

펭귄 파운데이션의 행동은
기름 유출에 대한 사람들의
아름다운 책임감이었습니다.

해피 애니멀스
클럽

모든 생명은
다 소중합니다

요즘은 잠깐만 밖에 나가도 심심치 않게
유기된 동물들을 볼 수 있습니다.

이런 사실은 필리핀에 살고 있는
9살 소년 켄에게도
마찬가지였던 것 같습니다.

켄은 거리에 방치된 유기동물들이 관심을 받지 못하고
오히려 폭행을 당하거나
결국에는 죽음을 맞이한다는 사실을 알게 되었고,

아버지의
도움을 받아
차고 한쪽 부분을
개조해 유기동물들을
돌봐줄 수 있는
작은 보금자리를
마련했습니다.

LOVE

이 공간이 바로 켄의
'해피 애니멀스 클럽Happy Animals Club'이에요.

켄은 이곳에서 버려진 동물들에게 먹이를 주고,
다친 동물들이 치료를 받을 수 있도록
도와주고 있습니다.

하지만 많은 유기동물을 돌봐주기에는
사료나 약값 등에 들어가는 비용이
만만치 않았다고 해요.

그래서 켄은 동물들과 함께하는 사진을
자신의 홈페이지에 올렸고,
전 세계에서 기부를 받으며 이 작은 시설을
운영하고 있다고 합니다.

켄의 사랑과 관심, 그리고 기부자들의 도움으로
지금은 꽤 많은 동물들이 간판의 단어처럼
'Happy' 하게 지내는 것 같아요.

한 번 이상 버려졌던 동물들이 다시 행복해질 수 있었던 이유는
단순히 먹이를 주고 치료를 해주었기 때문만은 아닐 것입니다.

LOVE

어쩌면 누군가 다시 한 번
자신의 머리를 쓰다듬어주길 바랐던,
동물들에게 내민 켄의 작은 손길이
더 커다란 행복 아니었을까요?

5

상상력 공장

모든 아이는 예술가로 태어난다
-파블로 피카소

아이들이 가진 최고의 힘은
'상상력'입니다.

그리고 이러한 상상력을 더 크게 키워주는 일은
어른들의 몫인데요.

아이가 그린 그림에
숨을 불어넣어주는
마법의 회사가 있습니다.

Budsies ™

We bring artwork to life.

Budsies는 미국에 있는 장난감 회사로
봉제 인형을 만드는 곳입니다.

다른 인형과는
조금 다르고
어설픈 모습이지만,
이 인형에는 비밀이
하나 숨어 있습니다.

LOVE

바로 아이들이 그린
그림을 인형으로
만들어주는 것인데요.

갖고 싶은 인형을
마음껏 상상하여 그린 후
Budsies로 보내면,
그림과 똑같은
인형을 받을 수 있습니다.

어떠세요?
그림에서 막 튀어나온
것 같지 않나요?

LOVE

어쩌면
인형으로 상상력을
선물 받은 아이들이

훗날 지금보다 더 많은
아이들의 상상력을 키워주는
멋진 어른으로 성장할지도 모르겠네요.

6

아프리카의 외침

자선의 딜레마

당신이 생각하는
아프리카의
이미지는
어떤가요?

혹시 가난함과 굶주리는 아이들,
그리고 각종 질병으로
죽어가는 사람들이 떠오르나요?

RADI-AID
AFRICA FOR NORWAY

AFRICAFORNORWAY.COM · 16 NOVEMBER

**여기, 아프리카와 자선에 대해
새롭고 올바른 시각을 심어주는
캠페인이 있습니다.**

'Africa for Norway'는
하나의 동영상으로
시작합니다.

지독한 노르웨이의 겨울, 사람들은 빙판에 미끄러지고
아이들은 추위를 견디지 못해 얼어붙어 갑니다.
복지 국가로 명성이 자자한 노르웨이지만,
도움의 손길이 필요해 보입니다.

LOVE

Africa for Norway는 추위와 싸우는
노르웨이 사람들을 위해
따뜻한 대륙 아프리카 사람들이
라디에이터를 기부하자는
내용이 나오는데요.

사실 이 동영상의 진짜 목적은
미디어에서 비추는 아프리카에 대한
잘못된 시선을 꼬집기 위함입니다.

"아프리카에 살고 있는 모든 사람이 이 영상을 보고
그것이 노르웨이에 대한 유일한 정보라고 생각한다면,
사람들이 노르웨이를 어떻게 생각하겠습니까?"

우리가 잘못 생각하는 아프리카에 대한 이미지를 바로잡고,
긍정적인 발전을 이룩한 아프리카의 모습도
사람들이 알기를 바라는 마음에서
이 동영상을 제작했다고 합니다.

동영상 속에서는 밝고 활기찬
아프리카 사람들의 모습을 보여주고 있네요.

뿐만 아니라 RADI-AID는
아프리카와 자선에 대한 생각을 바꾸기 위해
다음과 같은 네 가지를 제안합니다.

1. 모금은 부당한 고정 관념과 편견을 기반으로 행해져서는 안 된다.
   Fundraising should not be based on exploiting stereotypes.
2. 우리는 세상에 어떤 일이 일어나고 있는지, 학교와 텔레비전, 미디어에서 더 나은
   정보를 제공하기를 원한다.
   We want better information about what is going on in the world, in schools, in TV and
   media.

3. 미디어는 존중을 보여라.

Media: Show respect.

4. 원조는 정말로 필요한 것에 기반을 두어 행해져야 한다. "좋은" 의도로 이루어져
서는 안 된다.

Aid must be based on real needs, not "good" intentions.

물론 여전히 아프리카는 도움의 손길이 필요합니다.

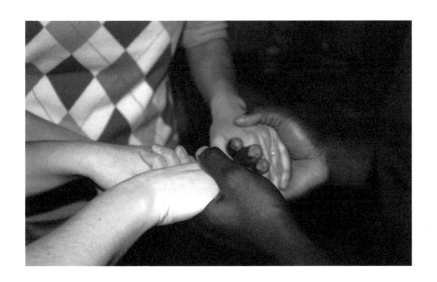

하지만 도움의 손길을 내밀기 전,
나의 손길이 혹시 아프리카에 대한 편견은 아닐지
그들이 정말 필요로 하는 것은 무엇인지
생각해볼 필요가 있습니다.

7

독도 강치 이야기

1903년,
50,000여 마리가 서식했다

안녕하세요! 제 이름은 강치입니다.
저는 물개를 꼭 닮은 바다 동물이에요.

저는 바위가 많고 먹이가 풍부한
독도에 살고 있었어요.

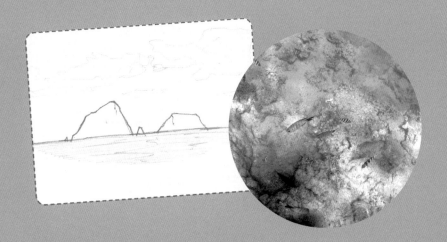

독도에서 저를 본 적이 없다고요?
네, 지금 저는 그곳에 없거든요.

불과 100년 전만 해도 독도에는
저와 제 가족들, 그리고 친구들이 많이 살고 있었습니다.

(1903년 50,000여 마리 서식 추정)

당시 독도를 '강치들의 섬'이라고
부를 정도로 말이죠.

그러나

<u>1904년 러일전쟁 발발 후,
일본은 군사적 요충지인
독도를 탐내기 시작했고,
1905년에는 일본이 독도를
시네마 현으로 편입시키면서
저의 수난은 시작되었습니다.</u>

제 이빨은 장신구로,
가죽은 군용배낭으로,
지방은 기름으로,
살과 뼈는 비료로 이용하기 위해
수산업자들의 무자비한 포획이
시작된 것이죠.

심지어 어린 강치들은
서커스용으로 팔아넘기고,
새끼를 잡아둔 채 구하러 온 어미를
사냥하기도 했습니다.

50,000
40,000
30,000
25,000
...

그렇게 저는 점점 사라지고 있었습니다.

그리고 제 삶을 빼앗은 것처럼
지금도 일본이 독도를 빼앗아가려고 한다는
이야기를 들었습니다.

비록 저는 그곳에 없지만,
바다에 살고 있는 친구들이 마음껏 헤엄칠 수 있도록
더 많은 사람이 우리를
오래 기억해주었으면 좋겠습니다.

8

Wil Can Fly!

아가야,
벽을 넘어 훨훨 날아가렴

아이가 커가면서 부딪히는
한계와 도전은 수없이 많습니다.

특히 윌리엄처럼
장애를 가졌다면
더욱 그러할 것입니다.

다운 증후군을 앓고 있는 윌리엄에게는
지금까지 겪어온 한계보다
앞으로 다가올 한계가 더 많겠지요.

그래서 그의 아버지 앨런 로넨스는
윌리엄이 무엇이든
해낼 수 있다는 것을 알려주고

다운 증후군이라는
장애 안에 갇혀 살지 않도록

LOVE

윌리엄의 등에
'보이지 않는 날개'를 달아주기로 했습니다.

비록 윌리엄은 포토샵 작업을 통해서만 날 수 있지만,

그 누구보다 높은 곳에서
자유로울 수 있었습니다.

앞으로도 윌리엄은
장애라는 한계와
사회의 시선에
계속 부딪힐 것입니다.
하지만 그때마다
더 높이 뛰어넘을 수
있겠지요.

LOVE

그에게는 아버지가 달아준
'멋진 날개'가 있으니까요.

아빠의 임신

세상의 모든 엄마들을 위해
고통을 품은 아빠들

출산과 만삭의 고통은
오직 어머니만이
알 수 있습니다.

그래서 세 명의 아버지들은
어머니의 고통을 몸소 체험하고
느껴보기로 했습니다.

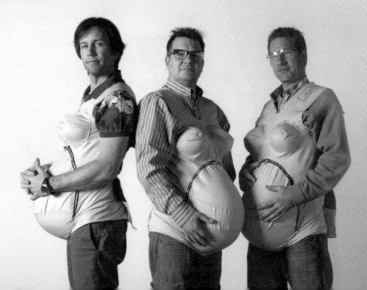

**조니와 스티븐, 그리고 제이슨이라는 세 남자는
어머니의 날을 기념하여
15킬로그램에 달하는 복대를 차고 다녔습니다.**

약 한 달 동안 진행된
이 캠페인은
아내가 만삭이었을 당시
어떤 불편을 겪고

어떤 고통을 느꼈을지
체험해보기 위해
세 명의 아버지가
시작한 것이었습니다.

LOVE

샤워할 때를
제외하고는
일을 하면서도,
밥을 먹으면서도
항상 복대를 차고
다녀야 했는데

스티븐은 복대를
착용하는 일도 버거워
아내와 아이의 도움을
받아야만 했습니다.

그리고 체험이 일주일도 채 지나지 않았을 때,
세 아버지는 이런 소감을 남겼습니다.

"양말을 스스로 신는 것은
기념비적 과업에 가까운 일이다."

"사무실에 바퀴 달린 의자가 있어
큰 노력 없이 미끄러지듯 목적지에
갈 수 있는 것은 축복이다."

LOVE

"임신을 겪은 모든
어머니들에게
존경을 표한다."

**임신과 출산의 과정을 거치지 않고
이 세상에 태어난 사람은 아무도 없습니다.**

오늘 하루, 어머니께
그리고 아내에게
고마움을 표현해보는 건
어떠세요?

IN HONOUR
OF MUM

마침내 열리는
따뜻한 결혼식

40년 만에 이룬
오랜 꿈

수많은 할아버지, 할머니
그분들에게도 청춘은 있었습니다.

자식을 키워내느라
속절없이 흘려보낸
그분들의 청춘을
우리가 다시
선물할 수는 없을까요?

할아버지는 멋진 외모를 자랑하는
과묵한 청년이었습니다.

할머니는 패션에 관심이 많은
외향적인 아가씨였습니다.

할머니가 할아버지의 조카를
돌봐주시다가 자연스럽게
연인이 되었고,
그렇게 부부의 인연을
맺은 두 분은

넉넉지 않은 형편 때문에
결혼식도 올리지 못하고
사람들의 축하도
받지 못했다고 합니다.

서로에 대한 사랑 하나로 몇 십 년을 함께 살아왔지만,
제대로 올리지 못한 결혼식은
가슴 한편에 한이 되어 남아버렸습니다.

이런 사연을 갖고 있는
노부부들을 알게 된 열두 명의 청년들이
세상에서 가장 특별하고 따뜻한
합동결혼식을 기획했습니다.

LOVE

2014년 6월 13일 금요일, 해가 저물어오는 서울월드컵경기장에서
마침내 따뜻한 결혼식이 열렸습니다.

이 결혼식은 두 분의 결혼을 축하하는 일뿐만 아니라
청춘을 잠시 잊고 있던 우리 사회의 수많은 아버지와 어머니를
위로하는 따뜻하고 행복한 행사가 되었습니다.

앞으로 펼쳐질 새로운 부부의 길을
꿈처럼 아름답게 보내셨으면 하는 바람입니다.

삶에서 가장 아름다운 순간, 결혼식
그 순간에 늦고 빠름이 있을까요?

"동물은 사람에게 무조건적인 사랑과 우정을 가르쳐주는 존재입니다."

—— 'An Act Of Dog' 화가 Mark Barone ——

Q An Act Of Dog를 통해 많은 그림을 그리셨는데요. 어떤 마음가짐으로 작품에 임하시나요?

A 그림 속 5,500마리 강아지들의 눈빛은 사람의 눈빛과 매우 비슷합니다. 사람과 마찬가지로 강아지 역시 지각이 있는 존재이기에 즐거움과 고통을 느끼죠. 사람이나 동물들의 눈빛을 보는 것은 그들의 영혼을 들여다보는 일입니다. 그래서 저는 작업에 임하며 강아지들과 비언어적인 소통을 하고, 그들의 눈빛을 통해 느낄 수 있는 깊은 상처와 무기력함, 그리고 그들을 도울 수 없는 저의 절망감을 작품에 연결시키려 하고 있습니다. 유기동물들이 전적으로 의존했던 사람들에게 철저히 외면당하고 실망했다는 사실을 알기에, 그들이 보내는 무언의 대화인 '나는 죽는다'는 메시지를 더 처절하게 느낍니다.

Q 작가님께서는 사람들이 이 그림을 보고 어떤 마음가짐을 가졌으면 좋겠다고 생각하시나요?

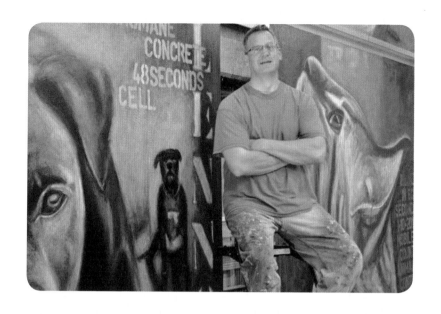

유기동물들을 대상으로 그림을 그리는 일은, 버려진 그들의 삶에 새로운 의미와 정의를 내려주는 것이라 생각합니다. 저는 그림을 그릴 때 그들의 두려움과 슬픔을 어떻게 전달할지에 초점을 두며, 제가 느끼는 아픔과 깊은 감정들을 그림으로 표현합니다. 제 작업의 의도는 이러한 동물들의 속사정과 메시지를 사람들에게 전달하는 것이며, 그동안 우리가 동물들에게 어떻게 행동했고 어떤 마음을 가졌는지 돌아보고, 나아가 다시 관계를 구축하는 데에 필요한 해결책에는 무엇이 있는지를 생각하게 만드는 것입니다.

요즘에는 키우던 동물을 버리는 대신 보호소에 맡기는 사람들도 많은데요. 보호소라는 곳에 대해 작가님은 어떻게 생각하시나요?

저는 '보호소'라는 단어에 대해 사람들이 오해를 하고 있다고 생각합니다. 사람들이 애견을 일반 보호소에 버리거나 유기하면, 그곳에 맡겨진 동물들은

72시간 내에 안락사 당하고 맙니다. 생명을 입양하거나 전달하는 데에 목적을 둔 보호소가 아닌 다른 곳들은 오히려 동물들에게 매우 위험합니다. 함부로 동물들을 이런 보호소에 유기해서는 안 됩니다. 고아가 된 아이는 새로운 가정에 입양시키려 노력하지만, 정작 헌신적인 동반자가 되어주는 동물들은 쉽게 죽이고 맙니다. 스스로 우리의 생명을 존중하듯이, 동물들의 생명 또한 존중해야 하고, 우리가 만든 관계에 대해 책임감을 가져야 합니다.

Q 동물을 대하는 작가님의 사랑이 정말 각별한 것 같아요. 동물을 바라보는 작가님만의 특별한 철학이 있나요?

A 동물의 생명도 사람의 것처럼 소중하게 생각해야 합니다. 우리는 모두 깊은 사랑과 관심을 받아야만 하는 지각적인 영혼인 거죠. 또한 동물들은 사람에게 무조건적인 사랑과 우정을 가르쳐주는 존재입니다. "동정심은 사치가 아닌 생존을 위한 필수적인 것이다."라는 달라이 라마의 말과 같습니다.

Q 혹시 현재 작업하고 계신 분야의 그림뿐만 아니라, 실질적으로 동물들에게 도움이 될 만한 새로운 일을 계획하고 계신가요?

A 물론입니다. 저희는 그림 작품을 활용해 또 다른 제품을 만들고 있습니다. 이 제품을 판매해 보호소와 동물 구출팀이 동물들을 안전한 곳으로 이송시키는 일에 필요한 기금을 마련합니다. 저희의 다음 비전은 5,500개의 이미지를 제품에 부착해 세상에 널리 알리고 판매하여 동물들과 보호단체를 위한 장기적인 기금을 마련하는 것입니다.

더불어 저희의 최종 목표는 그림 전시를 지속적으로 진행해서 우리만의 특별한 미술관을 설립하는 것입니다. 이 미술관을 통해 전국적으로 아이들, 학교단체, 그리고 성인들을 대상으로 유기동물에 대해 교육을 하고, 직접 동물을 그려서 제품에 담을 수 있게 하는 캠페인을 만들고자 합니다. 동물에 대한 잘못된 인식을 깨워주고, 기금을 마련하는 일에 도움이 될 것입니다.

Q **인터뷰에 응해주셔서 감사합니다. 끝으로 이 책을 읽고 있는 독자들이나 한국에 있는 동물 애호가들에게 전해주고 싶은 말씀이 있으신가요?**

A 동물을 사랑하는 한국인들이 동물의 권리를 깊게 생각해본다는 사실에 너무 감사한 마음이 듭니다. 여러분이 품은 열정과 따뜻한 마음이 계속 이어지기를 바라며, 저도 동물들이 살기 좋은 세상을 만드는 데에 일조하고 응원하겠습니다. 동물을 사랑하는 사람들이 있어야, 동물들도 말할 수 있습니다. 이렇게 의미 있고 좋은 일에 기여하는 삶을 선택한 여러분은 더욱 행복해질 것이라 믿습니다.

"그들이 살아 있는 동안
행복한 기억만을 가지길 바라요."

—— 'Happy Animals Club' 운영자 Ken ——

Q 버림받고 병든 강아지를 돌보는 일이 열 살 소년 Ken에게는 어려울 수도 있을 것 같아요. 현재 Happy Animals Club에서 보호하고 있는 유기동물은 모두 몇 마리인가요?

A 우선 인터뷰에 앞서 HAC(이하 Happy Animals Club)를 많은 사람에게 알릴 수 있는 기회를 주셔서 감사합니다. HAC를 운영하는 데 있어 저는 자원봉사 자들에게 많은 조언과 도움을 얻고 있어요. 그분들 덕분에 어려움 없이 운영 할 수 있었습니다. 제가 여섯 살 때 구조하여 지금까지 키우고 있는 강아지가 있는데요. 아버지께서 그 강아지를 키울 수 있도록 허락해주신 덕분에 이 일 을 시작하게 되었죠. 지금은 그때 구조했던 강아지를 포함해 총 46마리의 동 물들이 HAC에서 행복하게 지내고 있습니다.

Q Ken의 마음이 너무 예쁘네요. HAC의 운영은 아직까지 잘되고 있나요?

A 많은 사람의 우려와 달리 HAC는 현재도 잘 운영되고 있습니다. 저는 HAC 에서 동물들이 편하고 건강하게 지낼 수 있도록 충분한 쉼터를 마련해주고

싶어요. 그런데 요즘은 제가 학교에 가는 바람에 시간이 부족한 게 조금 문제입니다.

Q 홈페이지를 통해 자선기금을 모았다고 들었습니다. 기금은 주로 어떻게 사용되나요?

A 홈페이지를 통해 모은 자선기금 대부분은 동물들의 병을 치료하고 먹이를 구입하는 일에 사용돼요. 또한 함께 HAC를 운영하는 봉사자분들에게도 일정 금액을 드리고요. 이외에도 HAC를 유지하는 데에 필요한 전기세, 수도세와 같은 다양한 비용을 처리하고 있답니다.

Q 길에 돌아다니는 동물들에게 잘못된 상식으로 선행을 베풀었다가, 도리어 사람이 해를 입는 경우도 종종 있는데요. 어떻게 하면 조금 더 안전하게 그들을 구할 수 있을까요?

A 유기된 강아지를 구조하는 일에 있어 가장 위험한 경우는 그들이 광견병을 가지고 있을 때예요. 그래서 저희는 반드시 먼저 백신을 맞고 구조 활동을 진행합니다. 구조된 동물은 공포를 느낄 때에만 사람에게 위협을 가합니다. 그래서 가능하다면 우선 동물을 안전하게 집으로 데려온 후, 함께 시간을 많이 보내며 신뢰를 얻도록 하세요. 만약 동물을 집에 데려올 수 없을 정도로 그들이 당신을 경계한다면, 신뢰를 얻을 때까지 도로에서 반복적으로 도움을 주세요. 그러면 동물들도 자연스럽게 당신을 따를 거예요.

Q 현재 Ken의 가장 큰 고민은 무엇인가요?

A 사실 제 머릿속에는 HAC 운영에 대한 생각 밖에 없어요. 지금 하고 있는 가장 큰 고민은 사람들이 어떻게 하면 더 많은 유기동물을 입양할 수 있을까 하는 것이죠.

Q 동물은 인간과 수명 차이가 큰 만큼 임종 역시 지켜야 하는 경우가 있을 텐데요. HAC가 동물들에게 어떤 기억으로 남았으면 하나요?

A 우리는 동물들에게 넓은 공간에서 마음껏 뛰어놀 수 있는 환경을 마련해줌으로써 그들이 항상 즐거움을 느낄 수 있도록 노력하고 있어요. 또한 맛있는 음식을 충분히 제공해서 방치되거나 병에 걸리는 일이 없도록 하죠. 우리는 동물들이 살아 있는 동안 행복한 기억만을 가지길 바랍니다. 죽음은 어쩔 수 없는 거잖아요. 그때까지 많은 시간을 함께 보내는 것만이 답인 것 같아요.

Q Ken은 앞으로 어떤 어른으로 성장하고 싶나요?

A 저는 제가 지금 하고 있는 일을 어른이 되어서도 계속 하고 싶어요. 기회가 된다면 HAC를 전 세계로 확장하고 싶은 욕심도 있답니다.

Q 많은 사람들이 오래 키우던 반려동물도 서슴지 않고 버리곤 하는데요. 그런 사람들에게 해주고 싶은 말이 있나요?

A 저는 그런 행동을 하는 사람들도 저마다 이유는 있다고 생각해요. 직장을 잃었거나 집안 식구들의 반대 때문에 그럴 수도 있겠죠. 하지만 반려동물은 가족과도 같아요. 우리는 어떤 일이 있어도 가족 구성원을 내치지 않잖아요? 어려운 상황에 처하더라도 반려동물과 같이 행복할 수 있는 방법을 찾는 것이 인간으로서 해야 할 일인 것 같아요.

Q 사람이 아닌 개나 고양이와 같은 동물들에게 있어 행복이란 무엇이라 생각하나요? 그리고 그들의 행복을 위해 우리가 할 수 있는 일은 무엇일까요?

A 동물 역시 사람이랑 똑같아요. 그들 역시 누군가의 관심과 사랑을 필요로 하죠. 그래서 만약 이 책을 읽는 독자분들 중에 반려동물을 기르고 있는 분이 있다면, 그 무엇보다도 함께 시간을 보내주고 사랑을 많이 쏟아주시길 부탁드릴게요. 그러면 동물들도 우리에게 좋은 친구가 되어주고 또 치유제가 되어줄 거예요.

COURAGE

인생의 목적은 끊임없는 전진이다.
밑에는 언덕이 있고, 냇물도 있고, 진흙도 있다.
걷기 평탄한 길만 있는 게 아니다. 먼 곳을 항해하는
배가 풍파를 만나지 않고 조용히만 갈 수는 없다.
풍파는 언제나 전진하는 자의 벗이다.
차라리 고난 속에 인생의 기쁨이 있다.
풍파 없는 항해, 얼마나 단조로운가!
고난이 심할수록 내 가슴은 뛴다.

−독일의 철학자 **프리드리히 니체**

1

고양이 허니비

어둠 속에서
세상을 느끼는 고양이

앞이 보이지 않는다는 건
세상을 보지 못한 채
칠흑 같은 어둠 속에서
살아야 한다는 것

시애틀에 사는
고양이 허니비는
선천적으로
한쪽 눈이 없었습니다.
설상가상으로 남은
눈마저 적출하여
세상의 빛을 모두
잃게 되었습니다.

허니비의 주인은
애니멀스 피지 라는
동물보호소에
봉사활동을 하러 갔다가
허니비의 사랑스러운 매력에 빠져
입양을 결심했는데요.

어린 시절부터
어둠 속을 살아야 했던
허니비의 취미는

바로 '산책'입니다.

앞이 보이지 않는데
어떻게 산책을
하냐고요?

흐르는 개울 소리에
귀를 기울이고

따뜻하게 내리쬐는 햇볕을
발끝으로 느끼며

향긋한 꽃향기를 한껏 들이마시면
충분히 가능하답니다.

혹시 어두운 세상을 살아가는 허니비가
불쌍하다고 생각하셨나요?

허니비는 그저 눈으로
세상을 보지 못할 뿐,

온몸으로 세상을 느낄 줄 아는
누구보다 행복한 고양이입니다.

2

장애를 이긴 질주

하루아침에 다리를 잃은
소녀의 희망 도전기

"저는 무용가를 꿈꾸던
여고생이었습니다."

고3 4월의 어느 날,
계단에서 넘어지는 불의의 사고를 당하고는
걸을 수 없게 되었지요.

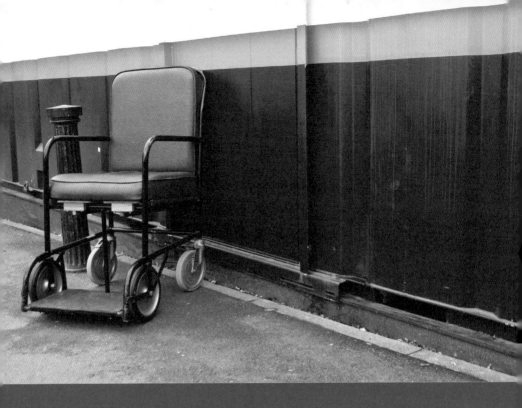

"엄마에게 미안해서
죽기를 바랐습니다."

악몽에 시달리다 잠에서 깼는데,
침대 옆에서 쪼그려 자고 있는 엄마가 보였어요.

COURAGE

엄마에게 보여주고 싶었습니다.

"딸은 괜찮다고,
잘 살 수 있다고!"

그렇게 저는
스키를 타게
되었습니다.

"저는 대한민국의 국가대표 선수,
서보라미입니다."

2010년 밴쿠버 패럴림픽 크로스컨트리 여자 국가대표
2014년 소치 패럴림픽 크로스컨트리 여자 국가대표
2014 소치 패럴림픽 성화주자

—서보라미 선수

3

보스턴 스트롱

다시 일어선
사람들이 외칩니다

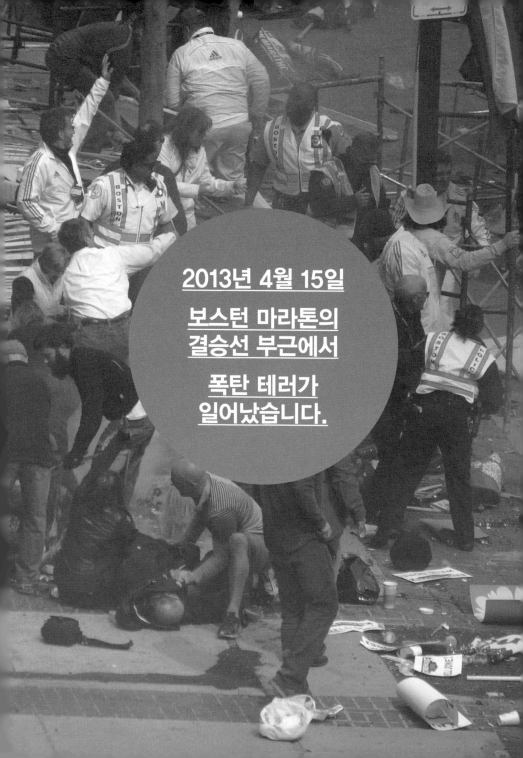

2013년 4월 15일

보스턴 마라톤의
결승선 부근에서

폭탄 테러가
일어났습니다.

사람들은 크게 다치고 주저앉았습니다.
하지만 다시 일어선 사람들은 말합니다.

"BOSTON STRONG"
보스턴은 강하다

COURAGE

무릎 아래를 잃어 의족을 사용하는 셀레스트 코코란
"나는 여전히 이곳에 서 있다."

다리에 큰 흉터를 갖게 된 시드니
"나는 여전히 아름답다."

다리 하나를 잃었지만 여전히 춤을 추는 무용가 애벗
"여전히 춤추는 것 외에는
아무것도 생각할 수 없다."

이름을 밝히지 않은 두 사람
"사랑은 증오를 이긴다."

테러를 견디고 이겨내는 사람들의 아름다운 움직임
'BOSTON STRONG'

"나는 나 자신에게 그리고 세상에게
내가 돌아왔다는 것, 이전보다 더 강해졌다는 것,
그리고 아무도 나를 멈출 수 없다는 것을
보여주겠습니다."

–2013년 보스턴 테러 당시
왼발을 절단해 의족을 신은
레베카 그레고리가 다시
2015년 보스턴 마라톤 출전을 앞두고
페이스북에 올린 글 중에서

증오는 절대 가질 수 없는
치유의 힘이 사랑에 있기에,

사람들은 다시 일어설 수 있습니다.

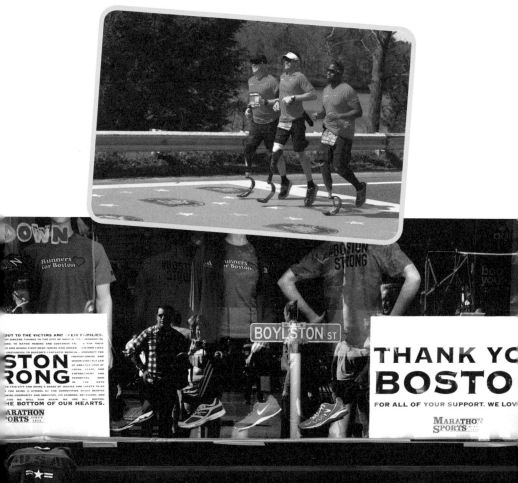

4

FC 판히섬

우리는 세계 챔피언이
될 거라고요!

태국에는 수상 마을로 불리는
'판히 Panyee'라는 섬이 있습니다.

그곳에 사는 사람들은 축구를
무척이나 좋아했지만,
축구장이 없는
작은 수상 가옥 마을에 사는 탓에
직접 공을 차고 놀 수는 없었어요.
마을 사람들이 할 수 있는 스포츠라고는 보트 경주밖에 없었고,
잡은 물고기가 얼마나 큰지에 대해 말하는 게 전부였습니다.

그런데 마음껏 뛰어놀고 싶었던 아이들 중 한 명이
기발한 아이디어를 냈습니다.

"우리가 축구팀을 만들자! 세계 챔피언이 되어보는 거야!"

마을 사람들은 코웃음을 쳤어요.
"주위를 둘러봐. 여기선 축구를 할 수 없어!"

하지만 아이들은 이러한 사실에 굴하지 않았습니다.
학교 수업이 끝나면 여기저기서 나무판자를 긁어모아 물에 띄우고,
바다 위에 이어 붙여 꽤나 그럴듯한 축구장을 만들어냈습니다.

하지만 여전히 환경은 열악했습니다.
튀어나온 못, 얼기설기 붙은 나무판자,
툭하면 물에 빠지는 공……
미끄러운 판자 위에서 움직이는 법을 익혀야 했습니다.

그러던 어느 날, 누군가
전단지 한 장을 들고 왔어요.
단 하루 동안 열리는
청소년 축구 경기에 관한
내용이었습니다.

'우리가 해낼 수 있을까?'

하지만 아이들은
경기에 나가기로 결심했습니다.
그리고 언제 그랬냐는 듯
마을 사람들이 응원도 해주었고요.

경기가 시작되자,

아이들은 자신들의 실력이 뛰어나다는 사실을 알게 되었습니다.
큰 골대는 마을에서 쓰던 작은 골대에 비해 골 넣기가 훨씬 쉬웠고,
미끄러운 판자 위보다 잔디 위가 뛰기에 더 수월했기 때문입니다.

COURAGE

아이들은 좋은 잔디 위에서 엄청난 실력을 발휘했지만,
준결승전에서 아쉽게 패하며 3위에 머물고 말았습니다.
하지만 이 대회는 마을에 좋은 시설을 마련할 수 있는 계기가 되었고,
7년 연속 대회에서 우승을 거두며 지금은 태국을 대표하는
축구 클럽이 되었다고 합니다.

This is the true story of the original Panyee FC.

이 아이들은
단순히 놀고 싶어서 만든 축구장으로
이렇게 큰 사건을 만들 줄 알았을까요?

순수한 열정이
만들어내는 결과물은
언제나 놀랍습니다.

선입견

당신은 완벽한 사람입니까?

이런 마네킹 본 적 있으세요?

**스위스의 사회복지단체 Pro Infirmis는
다섯 개의 마네킹을 제작했습니다.**

몸이 뒤틀리고,
척추가 휘어지고,
다리가 짧은 이 마네킹들은
다섯 명의 장애인을
모델로 만들어졌습니다.

Pro Infirmis는
이렇게 만든 마네킹을
12월 3일 '세계 장애인의 날'에 맞춰
유명 패션 스토어 쇼윈도에
전시했습니다.

COURAGE

지나가던 사람들은
전시된 마네킹에게
이상한 눈빛을 보내고,
한참을 응시하거나
혹은 따라하며 웃기도 합니다.

Because who is perfect?

Pro Infirmis는
마네킹을 향한 사람들의 시선이
장애인을 바라보는 시선과 똑같다는
경각심을 던집니다.

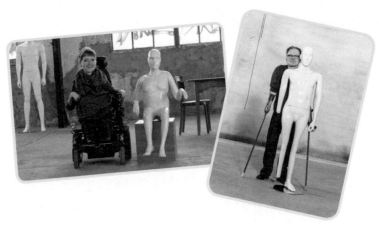

"우리 중 어느 누구도 완벽하지 않습니다.
적어도 누군가의 시선을 통해 보이는 외모에서는 말이죠.
그들에게 더 가까이 다가가세요."

COURAGE

누군가의 시선 속에서
10등신의 마네킹처럼
완벽한 사람이
존재할 수 있을까요?

**이 캠페인은 누군가를 바라보는
우리의 시선에 대해 생각할 시간을
갖도록 만들었습니다.**

6

시간을 거꾸로 돌리는 실험

다시 젊어지는 방법을
소개합니다

첫째, 20년 전인 1959년을 살듯 이야기할 것
둘째, 청소와 설거지 등의 집안일은 직접 할 것

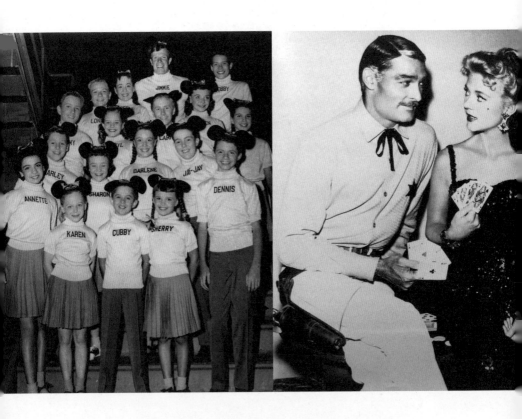

일주일동안 1959년에 일어난 일들을
현재의 일처럼 말하고,
당시에 개봉한 영화와 텔레비전 프로그램을 시청하며

여덟 명의 노인들은
20년 전으로 돌아가는
추억 여행을 했습니다.

지팡이 없이는
한 걸음도 떼기 어려웠지만,
서로 도와가며
청소와 빨래를 하고,
20년 전에 상영한 영화와
<u>스포츠</u> 경기를 보며
점차 1959년에 익숙해진
여덟 명의 노인들

어느새 자발적으로 청소를 하고
연구원들의 미식축구 경기에
동참하기도 합니다.

그리고 일주일 뒤 알게 된 사실

"사실 이 여행은
실험이었습니다."

시계 거꾸로 돌리기 연구
Counterclockwise Study
실험 결과, 참가한 8명의 노인들 모두
신체 나이가 50대 수준으로 향상되었다.

–하버드 대학교 심리학과(Counterclockwise Study/1981)

하버드 대학교 심리학과 교수인
엘렌 랭어는 노화로 고통 받는
노인들이 건강한 삶을 살도록
도와주고자 실험을 진행했고,

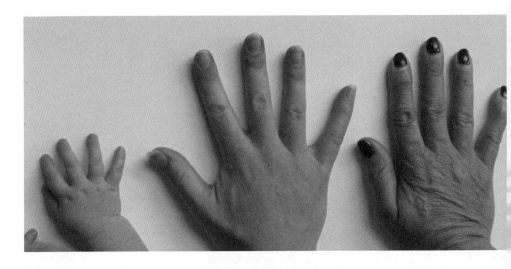

**생각에 따라 신체 나이 또한
변할 수 있다는 사실을 알려주었습니다.**

**어쩌면 나이란 사회가 규정짓는
숫자일지도 모릅니다.**

우리가 바라는 건강하고 젊은 삶은
마음먹기에 달려 있는 것 아닐까요?

"우리를 위축시키는 사고방식이나
건강과 행복에 대해 우리가 설정해둔
한계로부터 스스로를 해방시키고,
스스로 자신의 건강을 챙기는
수호자가 되는 일의
중요성을 깨닫자는 것이다."
−엘렌 랭어, 『마음의 시계』 중에서

응원의 다리

"잘 버텨줘서 고마워,
오늘도 수고했어!"

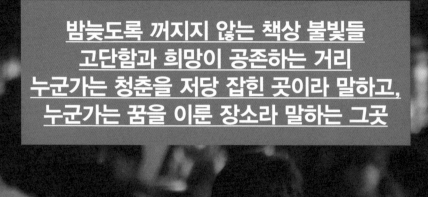

밤늦도록 꺼지지 않는 책상 불빛들
고단함과 희망이 공존하는 거리
누군가는 청춘을 저당 잡힌 곳이라 말하고,
누군가는 꿈을 이룬 장소라 말하는 그곳

수많은 고시생과 공시생이
모여 있는 이 곳은
노량진입니다.

노량진역
Noryangjin Station

CARPE DIEM

이들이 힘을 낼 수 있도록
따뜻한 응원의 메시지를
전할 수는 없을까요?

COURAGE

다섯 명의 대학생으로
이루어진 팀 '다섯명'은
고단한 노량진 수험생들에게
위로를 건네고 싶었습니다.

바로 한강에 있는
'생명의 다리'처럼 말이지요.

이 메시지를 노량진의 랜드마크인
노량진 역 앞 육교에 설치하기로 했습니다.

2014년도 수능시험을 앞둔
2013년 겨울의 어느 날,
그들이 준비한 메시지가
노량진 육교 위에 펼쳐졌고,
노량진 육교는 **응원의 다리**로
재탄생했습니다.

청춘의 **한가운데**에 서서
단 한 번의 시험을 위해
누구보다 외롭게 공부하며
지내온 **수험생들**에게 건네는
따뜻한 인사말들

잘 버텨줘서 고마워

비록 거창한 말도 아니고
불빛이 들어오는 멋진 설치물도 아니지만

팀 '다섯명'의 진심만큼은
많은 이들에게 전해졌을 것입니다.

수고했어, 오늘도

노량진역 앞

남을 위해 건네는
따뜻한 응원의 한마디가
세상을 더 많이 따뜻하게
만들 수 있습니다.

Get Closer!

우리의 따뜻함은
어디에 있을까요?

광장에 너무나도 귀여운
곰돌이가 있습니다.

사람들은 지체 없이 달려가,

밝은 표정으로 쏙 안기는데요.

그런데 프리허그를 마치고 탈을 벗은 곰의 얼굴이
평범한 사람들과는 약간 달라 보입니다.

Als Plüschbär verkleidet, umarmt er im
TV-Werbespot von Pro Infirmis Passanten.
FABIAN BISCHOFF ist hirnverletzt.
Polizist würde er gern werden oder Astro-
naut. «Filmstar gefällt mir auch ganz gut.»

Bärenstarke r Umarmer

사실 이 프로젝트는 장애인을 돕는 스위스의
사회복지단체인 Pro Infirmis에서 제작한
'Get Closer!'라는 영상으로,
90초의 영상에 장애인을 바라보는 시각에 대한
일종의 경고 메시지를 담아냈습니다.

조금 다르다는 이유로,
사람들에게 다가가기 위해 스스로를 가려야만 할까요?

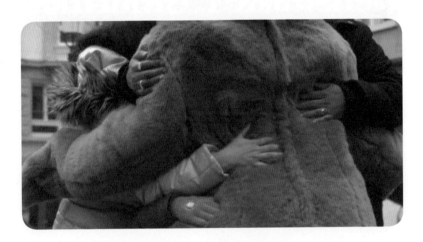

아니라고 생각한다면 Get Closer!
그들에게 더 다가가자는 메시지를 던지고 있습니다.

편견 없이 사람들에게 다가가는 열린 마음이
더 나은 세상을 만드는 열쇠 아닐까요?

9

훌스티 선언문

This is
your life

세 명의 친구가 모여 설립한
리사이클 전문 회사 '홀스티'

그들의 가치관을 담은
'홀스티 선언문'을 소개합니다.

이것이 당신의 인생입니다
This is your life

사랑하는 일이 있다면 자주 하세요
Do what you love and do it often

마음이 시키지 않는 일이 있다면 바꾸세요
If you don't like something, change it

COURAGE

당신의 직업이 마음에
들지 않는다면 그만두세요

If you don't like your job, quit!

시간이 충분하지 않다면 TV를 끄세요

If you don't have enough time, stop watching tv

당신이 평생의 반려자를 찾고 있다면 멈추세요
If you are looking for the love of your life, stop

당신이 사랑하는 일을 시작할 때
그들은 당신을 기다리고 있을 거예요
They will be waiting for you when you start doing thing you love

지나친 분석은 그만두세요
Stop over analyzing

COURAGE

인생은 심플합니다

Life is simple

새로운 것들과 새로운 사람들에게
당신의 마음과 팔, 그리고 가슴을 여세요

Open your mind, arms, and heart to new things and people

우리는 다름을 통해 서로 융합될 수 있습니다

We are united in our differences

어떤 기회는 한 번밖에 찾아오지 않아요,
그것을 붙잡으세요

Some opportunities only come once, seize them

자주 여행하세요

Travel often

길을 잃을 때마다 자신을 발견할 수 있을 거예요

Getting lost will help you find yourself

모든 감정은 아름답습니다

All emotions are beautiful

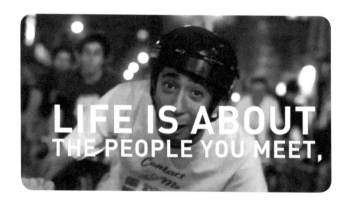

인생이란 당신이 만나는 사람들,

Life is about the people you meet,

그리고 그들과 함께 만들어나가는 것입니다

and the things you create with them

그러니 어서 나가 시작하세요
So go out and start creating

인생은 짧습니다
Life is short

당신의 꿈을 살아가세요

Life your dream

그리고 그 열정을 나누세요

and share your passion

—HOLSTEE

어느 95세
노인의 수기

NOW or LATER

나는 젊었을 때 정말 열심히 일했습니다.
그 결과 실력을 인정받았고
존경도 받았지요.

그 덕분에 65세에
당당히 은퇴할 수 있었습니다.
그런데 지금, 95세 생일에
나는 얼마나 후회의 눈물을
흘리는지 모릅니다.

COURAGE

내 65년 생애는
자랑스럽고 떳떳했지만,
이후 30년간의 삶은
부끄럽고 후회스럽습니다.

퇴직 후 '이제 다 살았다.
남은 인생은 덤이다.'라는 생각으로
그저 고통 없이 죽기만을 기다렸습니다.

**30년의 시간은
지금 내 나이 95세로 보면
3분의 1에 해당하는
기나긴 시간입니다.**

그때 나 스스로가
늙었다고,
뭔가 시작하기엔
늦었다고 생각한 것이
가장 큰 잘못이었습니다.

**이제 나는 그토록
하고 싶었던 어학 공부를
시작하려 합니다.
그 이유는 단 한 가지,**

10년 후 맞이하게 될 105번째 생일에
'95세 때 왜 아무것도 시작하지 않았는지'를
후회하지 않기 위해서입니다.

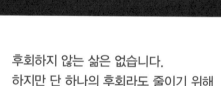

후회하지 않는 삶은 없습니다.
하지만 단 하나의 후회라도 줄이기 위해

**지금 미뤄왔던 일을
시작하시길 바랍니다.**

"목표는 제 삶을 이어주는 가장 단단한 끈입니다."

— 대한민국 패럴림픽 크로스컨트리 국가대표 선수 서보라미 —

Q 원래는 한국무용을 하던 소녀였다고 알고 있습니다. 사고 당시의 상황을 여쭤봐도 될까요?

A 고등학교 3학년 때 친구들과 놀다가 계단에서 내려오던 중 뒤로 넘어지면서 척추뼈가 으스러졌습니다. 그 일로 인해 척추 신경을 크게 다쳤고, 척추장애로 지체 1급 판정을 받았죠. 그전까지는 한국무용을 배우는 평범한 여고생이었고요.

Q 사고 당시, 장애를 받아들이기 힘들었을 텐데 어떤 마음을 먹고 마음의 상처를 극복하셨나요? 그리고 본인에게 가장 힘이 되어준 존재는 무엇인가요?

A 처음 하반신이 마비되었다는 사실을 알았을 땐 병실에 불이 꺼질 때마다 눈물로 밤을 지새웠습니다. 차라리 '죽어버릴까' 하는 생각도 했고요. 제가 다치면서 엄마는 하시던 일을 그만두고 저의 간병에 매진을 해야 했는데요. 상태가 심각해 저는 침대에서 대소변을 가려야 했고, 축 늘어지는 다리 때문에 엄마가 제 다리 역할까지 해주셨어요. 맛없는 병원 음식을 먹고, 좁은 보호자 침대에서 쪽잠을 자는 희생도 마다하지 않으셨죠. 죽고 싶다는 생각이 들었지

만, 그런 엄마의 모습을 보며 다시 예전처럼 살아야겠다는 생각이 강하게 들었습니다.

Q **사고 후 '크로스컨트리'라는 종목에 도전해 패럴림픽 국가대표가 되셨는데요. 이 종목을 선택하게 된 계기가 있나요?**

A 사고가 난 이후부터는 스키장에 간다는 생각을 아예 하지 못했습니다. 휠체어로는 눈밭에서 움직일 수 없기 때문이죠. 그런데 우연히 〈2006년 대학생 어울림 스키캠프〉에 참가할 기회가 생겼어요. 재활을 위해 그곳에서 알파인 스키를 배웠습니다. 다치기 전에 타던 스키의 느낌과는 완전히 달랐고, 지금보다 더 많이 다칠 수도 있겠다는 생각에 처음에는 적극적으로 타지 않았습니다. 그런데 스키를 타며, 넘어지고 또 넘어져도 결국은 나 혼자 일어나야 한다는 사실을 배웠어요. 이후 주변의 권유로 '크로스컨트리'에 입문했죠. 재활이 목적이었지만, 크로스컨트리의 매력에 빠져들면서 전문 선수의 길을 택하게 되었어요.

Q 크로스컨트리를 하며 특별히 어려운 점이나 힘든 부분이 있나요?

A 흔히 크로스컨트리를 '설원 위의 마라톤'이라고 하죠. 스키 플레이트가 달린 휠체어 위에서 폴대의 힘만으로 이동하기 때문에 엄청난 체력과 지구력이 부담스러웠어요. 그리고 우리나라는 눈이 3개월 정도 밖에 없어서 스키 훈련을 하기 위해 눈을 찾아 외국으로 다녀야 하는 점도 힘들고요.

Q 국내 유일의 여성 선수라서 국내에서는 항상 1등만 한다는 기사를 본 적이 있어요. 올해는 꼭 라이벌이 생겼으면 좋겠다고 하셨는데, 지금은 라이벌이 있으신가요?

A 아직 국내에 크로스컨트리 여자 좌식 선수는 저밖에 없습니다. 하지만 계속 운동을 하며 생각하는 것은 나에게 있어 가장 큰 라이벌은 '나 자신'이라는 거예요. 환경이 어떻든지 크로스컨트리에서 제일 중요한 것은 '정신력'이기 때문에 나 자신을 극복하고 뛰어넘는 일이 최우선이라 생각합니다.

Q 운동을 하지 않는 시간에는 보통 어떤 일을 하며 지내세요?

A 새로운 일을 많이 찾아서 하려고 노력 중이에요. 새로 개봉한 영화를 보러 가거나, 향초나 디퓨저를 만들기도 하고요. 남들이 요즘 많이 한다는 명화 그리기나 드라이플라워 만들기도 하고 있어요. 보통 제 나이 또래 여자들과 비슷한 취미를 즐기는 것 같습니다.

Q 요즘 젊은이들을 보면 쉽게 좌절하고, 또 쉽게 포기하는 성향이 강한 것 같아요. 장애를 극복한 분으로서 이런 친구들에게 해주고 싶은 말이 있으신가요?

A 제가 다치고 나서 제일 많이 후회한 점은 '더 많은 것들을 경험해보지 않았다'는 거예요. 지금은 하고 싶어도 하지 못하는 일이 더 많으니까요. 좋은 것이

든 나쁜 것이든 다 경험해놓으면 그 경험이 인생을 살아가는 데에 큰 도움이 될 거예요. 그래서 젊은 사람들이 많이 도전해봤으면 좋겠어요. 그리고 목표를 가지라고 말하고 싶어요. 저는 운동을 시작하면서 다치기 전에도 가지지 못했던 '금메달'이라는 꿈과 목표가 생겨 매우 기쁘고 활력을 많이 얻었거든요. 지금이라도 당장 죽었으면 좋겠다고 생각할 만큼 삶의 끝에 서 있던 제게 '목표'는 생을 이어주는 가장 단단한 끈입니다.

Q 사실 패럴림픽에 대한 대중의 관심이나 언론의 주목도가 낮은 게 사실인데요. 서보라미 선수가 느끼기에 혹시 이런 부분이 아쉬웠던 적이나 좀 더 사람들에게 알리고 싶은 점이 있으신가요?

A 다행히도 우리나라에서 2018년 평창동계올림픽과 패럴림픽이 열리기 때문에 많은 홍보 효과가 있을 거라 생각합니다. 그전에 언론이나 사람들에게 장애인에 대한 인식개선 교육을 시켜 긍정적인 관심을 갖도록 만드는 일이 무엇보다 중요하겠지요.

Q 우리 사회에서 장애라는 단어가 조금 부정적으로 받아들여지고 있는데요. '장애'라는 단어에 대한 서보라미 선수만의 해석이나 의미를 듣고 싶습니다.

A 비장애인과 장애인을 나누는 이유는 사회적으로 장애인을 배려하기 위함이 아닐까 생각합니다. 남자와 여자, 성인과 어린이처럼 똑같은 사람이지만 부르기 편하도록 이름을 지어준 것이라고도 생각하고요. 임산부도 마찬가지로 사회적 배려를 받기 위해 전용 좌석을 마련해주잖아요. 저는 장애인으로서 많은 사람에게 귀감이 되고 싶어요. 장애인이든 비장애인이든 제 모습을 보고 '저 사람처럼 살아야겠다'고 생각하도록 만드는 게 장애인으로서의 제 꿈입니다.

"저희의 프로젝트가
서로를 응원하는 매개가 되었다는
사실에 기뻤습니다."

───── **응원의 다리 프로젝트 기획자 장다빈** ─────

 노량진에 응원의 다리를 만들게 된 계기가 무엇이었나요?

 우선 프로젝트를 진행한 저희 다섯 명은 '애드파워'라는 동아리에서 만난 멤버예요. 어느 무리를 가도 특하나 의견이 잘 맞고 재미있는 조합이 있잖아요. 저희가 그런 사람들이었던 거죠. 광고 이야기, 연애 이야기, 학교 이야기, 취업 이야기 등등 다양한 주제로 시간 가는 줄 모르게 떠들던 만남이 잦았어요.

어느 날은 '우리 회나 한 번 거나하게 먹어보자'며 노량진 수산시장을 찾았는데요. 그날도 역시 말도 안 되는 아이디어를 던지며 흥이 오르려던 찰나에 멤버 중 한 명인 의홍 오빠가 쭈뼛쭈뼛 아이디어를 하나 말했어요. 그런데 그게 참 그럴 듯한 거예요. 저희 멤버 중에 딱히 노량진 주민이거나 오랫동안 노량진에서 입시를 준비했던 사람은 없었는데, 매일 등교하는 길에 노량진을 거쳐야 했던 의홍 오빠에게서 문득 이런 생각이 떠오른 거죠. 그렇게 저희 프로젝트가 시작되었습니다.

Q 정말 우연하게 아이디어가 생겨났네요. 응원의 다리를 직접 만들어보면서 가장 힘들었던 점은 무엇인가요?

A 막연한 무형의 아이디어를 손에 잡히는 무언가로 탄생시키는 일이 쉽지만은 않았어요. 삽입될 카피를 다듬기 위해 수많은 회의를 거치는 것은 물론이고, 제작물의 크기와 재질을 결정하기 위해 노량진 육교와 철물점을 여러 번 답사했어요. 생각보다 비용이 비싸서 엄두가 나지 않았지만, 지인들을 동원해 단 한 푼의 제작비도 들이지 않고 광고물을 제작할 수 있었습니다.

Q 제작도 물론이지만 설치를 하는 일도 힘들었을 것 같아요.

A 정말 산 넘어 산이라고, 제작 다음 단계는 광고물이 임의적으로 철거되는 상황을 방지하기 위해 합법적 절차를 밟는 일이었어요. 그런데 노량진 육교에

설치되는 모든 광고물은 불법이며, 주변 상권들의 민원제기 시에 즉시 철거가 된다고 하더라고요. 하지만 이제 와서 포기하기엔 너무 억울해서 동작구청장님과 직접 상의하기 위해 메일을 보내고, 난생 처음으로 공문과 게시계획서를 써보기도 했죠. 이런 우여곡절 끝에 응원의 다리가 탄생했습니다.

Q 한강에 있는 생명의 다리를 참고하여 만들었다고 들었어요. 혹시 생명의 다리를 통해 힘을 얻었거나 용기를 얻은 경험이 있나요?

A 딱히 생명을 포기하고 싶다는 생각을 한 적은 없어서 직접적으로 감명을 받았다고는 할 수 없지만, 그 다리를 건널 때마다 가슴 뭉클했던 기억이 있어요. 요즘도 그렇지만 OECD 국가 중에서 우리나라가 자살률이 가장 높다, 매년 자살률이 상승하고 있다는 비극적인 소식이 뉴스에 심심치 않게 등장하고 있잖아요. 비록 지금은 생명의 다리에 대한 평가가 엇갈리고 있다고 해도 이런 사회의 어두운 면들에 대중이 공감하고 약자에게 따뜻한 위로를 건넬 수 있는 분위기를 만들어주고 싶다는 취지를 많이 참고했습니다.

Q 프로젝트를 진행했던 2013년 당시, 반응이 꽤 좋았어요. 응원의 다리를 보고 감사하다는 답변도 많이 받았다고 들었는데, 기억에 남는 분이나 사연이 있나요?

A 2013년 당시에 응원의 다리를 본 대중들의 반응은 생각보다 폭발적이었습니다. 페이스북에서 '좋아요'가 천 단위로 올라가기도 했고, 포털 사이트 메인에도 올라갔어요. 신문 기사까지 실렸으니까요. 무엇보다 기억에 남는 일은 수험생 친구들이 저희의 게시글을 잔뜩 태그해서 서로를 응원해주고 토닥여주는 매개로 활용했다는 점이에요. 응원을 해줄 수 있는 매개를 만들어준 우리 다섯 명에게도 고맙다는 댓글이 달렸고요. 저희 프로젝트의 의도를 정확히 반영한 이 아름다운 광경은 아직도 잊히지가 않아요.

Q 최근에 노량진 육교가 없어진다는 소식이 들려오더라고요. 그 이야기를 들었을 때 기분이 어떠셨나요?

A 노량진 육교는 아무래도 저희에게는 각별한 의미를 갖는 공간이다 보니 철거된다는 소식을 들었을 때에는 무엇보다도 서운한 마음이 많이 들었어요. 늘 그곳에 있을 것만 같던 추억의 장소가 사라진다니 어느 정도 상실감도 들었죠. 하지만 노량진 육교가 사라진다고 해도 이곳의 정체성만큼은 사라지지 않을 것 같아요. 꽃을 피우기 위해 고군분투하는 사람들이 모인, 치열하지만 왠지 정이 가는 곳! 노량진은 앞으로도 쭉 그런 곳으로 기억될 것 같습니다.

Q 끝으로 지금도 열심히 수능을 준비하고 있을 수험생들에게 한마디 해주세요.

A 얼마 남지 않은 수능을 위해 노력하고 있을 수험생들에게 진심으로 응원의 박수를 보내고 싶습니다. "수고했어, 오늘도" "밥은 먹고 하는 거야?" "비교하지 말고, 약해지지 말고" "스스로를 믿어" "넌 너무나도 잘하고 있어!" 우리 응원의 다리에 쓰인 문구를 다시금 이야기해주고 싶어요. 참고로 대학생이 되면 노량진 수산시장에 가서 꼭 소주 한잔하라고 전하고 싶습니다.

PEOPLE

탁월한 사람이라서
올바르게 행동하는 것이 아니다.
올바르게 행동했기 때문에
탁월한 사람이 되는 것이다.

−고대 그리스의 철학자 **아리스토텔레스**
(『니코마코스 윤리학』 중에서)

1

화살표 청년

당신은 망설이는 사람인가요,
행동하는 사람인가요?

우리 생활 속에서 화살표는
많은 의미를 가집니다.

길을 잃고 어디로 가야 할지 몰라
방황하는 사람들에게는
더더욱 큰 의미로 다가오지요.

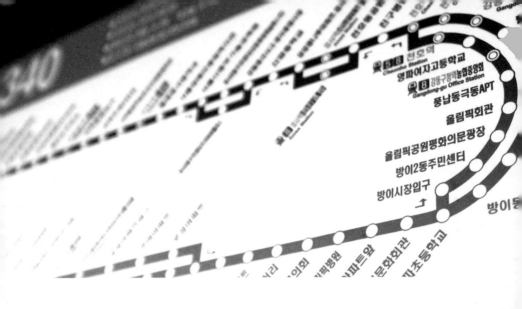

여기, 당신을 방황하게 만드는 복잡한 길이 있습니다.
그리고 길을 잃지 말라며 당신을 이끌어주는
소중한 화살표가 있습니다.

이 화살표 설치는 지자체에서 시작한 것일까요?

아닙니다.
바로 화살표 청년 **이민호** 씨입니다.

이민호 씨가 화살표를 붙이기 전
버스 노선 정보는 굉장히 열악해서
초행길인 사람, 연세가 많은 어르신들은
어느 방향 정류장에서 버스를 타야 하는지
알기 어려웠습니다.

이들을 도와주어야겠다고
생각한 이민호 씨는
하루에 **10시간씩** 자전거를 타고 다니며
화살표 스티커를 붙이기 시작했고,

용돈을 **쪼개** 내구성이 높은
스티커를 자체 제작하여
보다 많은 사람이
불편함을 겪지 않도록 했습니다.

처음엔 정류장 안내판에
낙서를 하는 사람으로 오해를 받기도
부지기수였지만,
지금은 많은 사람이 그를 도와
화살표 붙이기 운동에
동참하고 있다고 합니다.

"누군가 해야 되는 일이라서
제가 먼저 했어요."

이렇게 아주 작은 화살표 스티커지만
지금은 더 나은 세상의 시작점이 되었습니다.

2

태종대 두 영웅

3미터 파도 위
밧줄서 2시간 사투

인류가 만들어낸
최악의 자연재해
기름유출

부산 앞바다 태종대에서도
사고가 있었습니다.

180만 리터의 벙커C유를 실은 화물선의 충돌
한시라도 빨리 구멍을 메워야 하는 상황

이때 담담히 나섰던 두 사람이 있었습니다.

'해경 특수 구조단'   최고 선임 신승용 경사
다음 선임 이순형 경사

"내가 로프를 타고 내려갈 테니 한 명이 따라와라."
-신승용 경사

두 사람은 흔들리는 배 아래에서
더 흔들리는 로프에 몸을 지탱하고
두 시간 동안 벙커C유를 온몸으로 맞았습니다.

두 사람은 목숨을 걸고
파손된 부위를 막았으며,
그 결과 180만 리터 중 23만 700리터만이
유출되었다고 합니다.

평생 후유증에 시달릴 지도 모르지만,
온몸으로 기름을 맞으며 유출을 막은 두 영웅.
사선에서 돌아온
두 남자는 이렇게 말했습니다.

"우리는 영웅 같은 게 아닙니다.
해야 할 일을 했을 뿐이죠."

신승용 경사 인터뷰 중에서

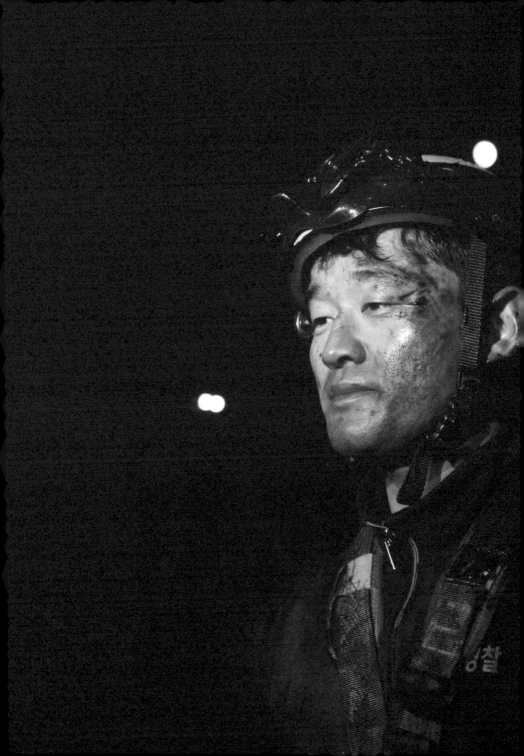

기름 냄새 맡아본 적 있나요?
그렇다면 두 시간 동안
기름 속에 있어본 적은요?

아무나 할 수 없는 일을
해야 할 일이라고 말하는 사람

그 사람들을
우리는 '영웅'이라고 부릅니다.

돌아온 리더

파업(罷業):
노동자가 노동 조건을
개선하기 위해 단결하여
노동을 하지 않음

2014년 어느 날
미국의 대형마트
Market Basket 직원들은
유니폼을 입는 대신
파업 피켓을 들기로
결심합니다.

거의 모든 직원들이
파업에 동참하여
Market Basket은
문을 닫아야 했지만,

지역 시민들 또한 경적을 울리고
손을 흔들며 함께 응원해주었습니다.

약 두 달간의 싸움 끝에 직원들은
원하는 것을 얻을 수 있었는데요.

그것은 바로 해임당한 CEO
아서 T. 데물라스의
복귀였습니다.

아서T. 데물라스는
모든 직원들의 이름을 외우고
만날 때마다 안부를 물으며,

불편함은 없는지
항상 주의 깊게 살피는
자상한 경영자였다고 합니다.

당신이 생각하는
최고의 리더는
어떤 사람인가요?

어쩌면 성공적인 결과를 만드는 것보다
낮은 곳에서 모두를 아우르며
직원들과 진심으로 소통하는 사람이
진정한 리더의 모습은 아닐까요?

푸른 눈의 한국인

이토 히로부미가
총알보다 더 두려워했던

조선총독부 초대 통감 이토 히로부미,
그가 유일하게 두려워했던 것

"대한매일신보는 조선인을 선동시켜
소요를 일으키거나 공안을 침해할 우려가 있다."
그리고 일제는 이 신문의 발행인을 고소했습니다.

일제가 총알보다 더 무서워했던 **신문**의 **발행인**은
1904년 조선에 온 **영국인 기자**

어니스트 베델(Ernest Thomas Bethel, 1872~1909)

영국 크로니클지의 특파원으로 한국에 파견된 그는
일제의 참상을 보고 단 한 줄의 기사도 쓸 수 없었습니다.

"내가 본사로부터 받은 지시는
일본에 우호적이어야 했기 때문에
기사도 친일적인 것이어야 했다.
하지만 내 양심이 허락하지 않아 사의를 표했고,
그들은 나를 해고했다."

한국에 도착한 다음 날 해임된 그는
조선을 위해 정의로운 신문을 발간하고자 마음먹었습니다.

그가 만든 신문, 대한매일신보는
을사늑약, 헤이그 특사 파견,
독립군 항일투쟁 등을
적극적으로 다루며
조선인들의 지지를 받았는데요.

억압받는 조선인의 목소리를
대변했던 그에게
일제는 벌금형과 함께 금고 3주,
근신 6개월의 판결을 내렸습니다.

금고형 이후 심장병을 얻어
37세의 나이에 눈을 감는 순간까지

"나는 죽으나,
대한매일신보는 영생케 하여
한국 동포를 구하시오."
라고 외쳤던 푸른 눈의 영국 청년,
그리고 진정한 한국인 '배설(裴說)'

타국에서 낯선 사람들이 받는 불의에 저항하는
행동을 하는 것은 누구에게도 어려운 일입니다.

하지만 그처럼 어려운 일을 해낸 사람이 있었기에
<u>불의 앞에서 우리는</u>
<u>용기를 얻을 수 있는 것</u> 아닐까요?

진도 노부부

1년간 화장실 청소로 번 돈, 1,029만 원

전남 진도군에 사는 한추향 씨와
그의 아내 김광연 씨에게는

부모를 잃은 지적장애 3급의 손자,
승규가 있습니다.

그런 승규에게 할아버지와 할머니는 모든 것을 해주고 싶었지만,
농사일을 하며 번 살림으로는 빠듯하기만 했습니다.

그때 **도움**의 **손길**을 내밀어준 것은
다름 아닌 **섬마을 사람들**이었습니다.

따로 과외를 해주고 장학금도 챙겨주신 선생님들,
CCTV를 설치해준 마을 경찰서,
컴퓨터를 선물한 면사무소······.

마을 사람들로부터 도움을 받던 노부부는
자신들이 해줄 수 있는 일은 없을까 생각해보았습니다.

노부부가 살고 있는 진도에는
일출 명소로 유명한 충무공원이 있는데
모여드는 관광객들로 인해
공중화장실이 매우 더러웠다고 합니다.

노부부는 매일 **새벽 4시**에 일어나 이곳을 **청소**했으며,
그렇게 **번 돈 전부**를 진도군 인재육성장학회에 **기부**했다고 합니다.

넉넉지 못한 형편인데도
그렇게 큰돈을 선뜻 내놓을 수 있었던 이유가 무엇이었을까요?

"나도 부락에게 도움을 받아
엄청 내 마음이 기쁘고 행복하고 좋은데,
우리도 남한테 쪼깐 기쁜 일을 해주면
그 사람도 나만하게 기쁘지 않을까."

−김광연 할머니 인터뷰 중에서

그동안 많은 사람으로부터
도움을 받으며 살아왔기에
이제는 누군가에게
작은 보탬을 주고 싶다는 노부부

남을 향한 작은 관심은
또 다른 사랑으로 이어집니다.

라과디아 판사

그리고 그는 말했다

왜 빵을 훔쳤습니까?

"4일 동안 굶었습니다.
돈이 없었는데 늙었다는 이유로
아무 데서도 써주지 않았습니다."

그건 개인적인 사정입니다.
10달러의 벌금형에 처합니다.

순간 법정은 술렁였습니다.
빵을 훔칠 만큼 가난한 사정임에도
냉정한 판결이 내려졌기 때문이었습니다.

그리고,
판사는 말했습니다.

"이 법정의 판사인 저에게는 10달러를,
모든 뉴욕 시민에게는 50센트의
벌금형을 내립니다.

이 노인이 생존을 위해
빵을 훔쳐야 할 정도로 어려운데도
아무도 돕지 않은 것은
뉴욕 시민 모두의 책임입니다."

이 판결을 들은 노인은
감격의 눈물을 흘리며 법정을 나갔다고 합니다.

이 명판결은 실제로 1930년,
뉴욕의 **피오렐로 라과디아 판사**가 내렸다고 합니다.
그는 시민들에게 너무나 많은 사랑을 받아서
'작은 꽃'이라는 애칭이 있었다고 하는데요.

누군가의 아픔을 보고 자신을 돌아볼 줄 알았던
피오렐로 라과디아 판사,
우리 사회의 작은 꽃들은 지금 어디에 피어 있을까요?

이건수 경위

나는 눈물을 보며
행복해하는 사람입니다

8분에 1명,
1일 평균 170명이
사라지는 곳

버뮤다 삼각지대도 아닌,
우리가 살고 있는 곳
대한민국입니다.

한 해 4만 2천여 건의
실종자 신고 접수가 이루어지지만,
오히려 집으로 돌아오지 못한 실종자들은
매해 늘어나고 있는 실정입니다.

이런 상황을 조금이라도 해결하고자 나선
어느 따뜻한 경찰의 이야기

"나는 헤어진 가족을 찾아주는 경위입니다."

실종 가족을 찾아주는 경찰,
이건수 경위

민원실 업무 중 어머니를 찾으려는 아들을 위해 시작한 가족 찾기

그 이후 계속
실종된 가족을 찾아주었고,
12년간 총 4,200명의
이산가족을 재회하게
도와주었습니다.

실종자를 찾는 과정에서 그는
자신의 가족과 보내는 시간을 포기해야 하는 것은 물론이고
심지어는 집 앞을 서성인다 하여
도둑이나 사기꾼으로 몰리는 등
많은 고초를 겪었지만,

오로지 이산가족들이 다시 만났을 때의
기쁨을 생각하며 어려움을 극복했다고 합니다.

10년 전 집 앞에서 잃어버린 지체장애 아들,
14년 전 하굣길에 사라져버린 딸,
37년 전 딸을 입양 보내야만 했던
아버지와 그를 그리워한 딸……

가족을 잃은 슬픔과 통한의 눈물을
기쁨의 눈물로 바꾸어준 이건수 경위,
그는 이렇게 말합니다.

"그분들을 위해서
제가 헌신하고 봉사하고
사랑을 줄 수 있다는 게
저는 너무 자랑스럽고
행복합니다."

한사코 자신을
'대한민국의 평범한 경찰'이라고
말하는 이건수 경위,

소외된 사람들을 위해
봉사를 몸소 실천하는 사람의
참모습이 아닐까요?

프리다

Frida(프리다) :
'평화'를 뜻하는 독일어

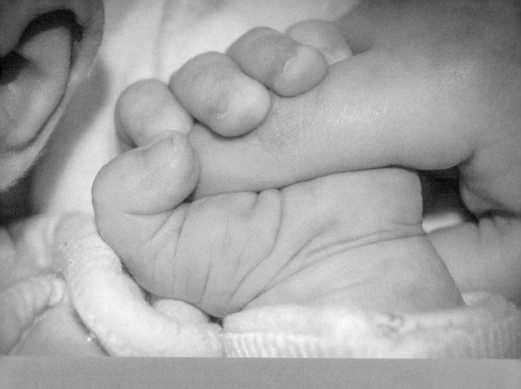

멕시코에서 태어난 아이,
아버지는 그녀에게
'평화'를 뜻하는 말인
'프리다'라는 이름을 붙여
주었습니다.

하지만 그녀의 인생은
이름이 가진 의미와는
거리가 멀었습니다.

학교를 마치고 집으로 돌아가던 아이를 실은 버스는
전차와 충돌하는 사고를 맞습니다.

일곱 번의 척추 수술
오른쪽 다리 절단
폐결핵
신장병 등의 합병증
세 번의 유산
우울증
평생을 함께해야 하는 휠체어

"하지만 나는 죽지 않았다.
살고 싶었고 깁스를 하고 누워 있는 것이
끔찍하게 지루해서
무엇이든 해보려고 했다.
나의 그림은 그렇게 시작되었다."

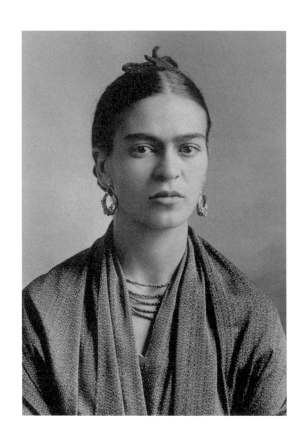

그렇게 프리다 칼로는 그림을 그리기 시작했습니다.

그녀의 평생 소원 세 가지

남편 디에고와 함께 사는 것,
그림을 계속 그리는 것,
그리고 혁명가가 되는 것

하지만 디에고는 천하의 바람둥이였고,
그 상대 중에는 프리다의 여동생도 있었습니다.

프리다는 모든 것을 딛고 그림을 그렸습니다.
영혼과 육체가 모두 상처 입고,
오직 두 손만이 자유로웠던 그녀가 할 수 있는
마지막 선택이었기 때문이지요.

프리다는 불굴의 의지와 놀라운 독창성으로
세계 화단의 변방인 '멕시코 여성'이라는 유리천장을 깨고
당당히 거장의 반열에 올랐습니다.

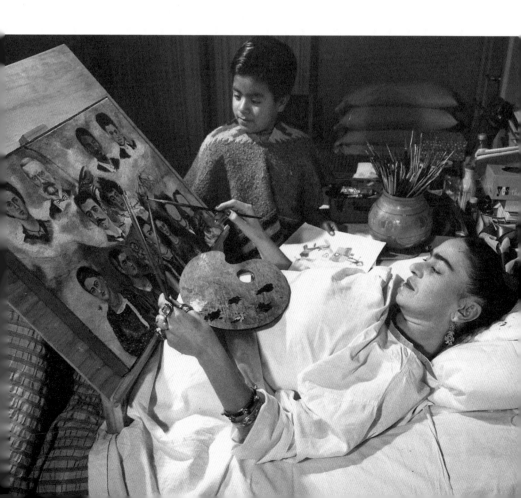

PEOPLE

"나는 나를 그린다.
왜냐하면 나는 혼자이기 때문이다.
내가 제일 잘 아는
내 그림의 주제는 바로 나이다."

47세의 나이로 세상을 떠나기 전
그녀의 마지막 일기장에는 다음과 같은 말이 쓰여 있었습니다.

"이 외출이 행복하기를,
그리고 다시 돌아오지 않기를……."

사고로 인한 고통을 극복하고,
삶이 아닌 고독을
살아낸 화가 프리다

그 무엇도 그림을 그리는
그녀의 손을 막을 수는 없었습니다.
그리고 그녀의 삶 자체가,
바로 혁명이었습니다.

도브리 할아버지

이 할아버지는 아마 전 세계에서
가장 존경할 만한 사람 중
한 명일 것입니다

보통은 지나치죠.

냉랭한 사람들의 반응에도 불구하고,
그는 계속 구걸을 합니다.

**먹고 살아야 해서요?
아니요.**
그에게는 더 중요한 일이 있거든요.

이 이야기의 주인공인
도브리 도브레브
할아버지는 101세로

한 달에 렌트비가
10만 원이 조금 넘는
집에 살고 있습니다.

그런 그는
제2차 세계대전으로 인해
청력을 잃은 후,
매일 하루에
25킬로미터를 걸으며
돈을 구걸하는데요.

1년 동안 구걸해서
번 돈 전부를
고아원, 수도원, 교회 등에
기부합니다.

몇 십 년 동안 이런 생활을 해온 그를
누군가는 'Baylovo의 성인(聖人)'이라고
부릅니다.

우리의 시각으로는
너무나 모자란
삶을 살아가지만

베풂이 가져다주는
충만함을 가장 잘 아는
도브리 할아버지

여유 없고 바쁜 우리네 삶이지만

동네 할아버지를 떠올리며,
내가 가진 것을 이웃과
나눠보는 것은 어떨까요?

10

歌王 조용필

소록도를 찾은
가수

대한민국에는 아직
오해와 편견이 가시지 않은
지역이 많습니다.

그중 하나가 한센인들의 애환이 깃들어 있는 곳,
작은 사슴 섬 '소록도'입니다.

한센인은 그 오랜 시간 동안
'문둥병' 혹은 '나병'으로 불리던,
한센병에 걸린 환자들을 말합니다.

전 세계 인구 중 95퍼센트가 자연 저항력이 있는 한센병,
그럼에도 병의 표면적인 증상 때문에
한센인들은 격리된 채 수많은 사람들의
오해와 편견 속에서 살아야 했습니다.

그 사람들을 위해서
노래를 불러주었던
가수가 있습니다.

바로 가왕(歌王)
조용필입니다.

조용필은 2010년 영국 필하모닉 오케스트라와 함께
소록도를 방문했지만, 자신의 메인 무대가 아니어서
단 두 곡밖에 부를 수 없었다고 합니다.

자신이 노래를 부르면, 너무나 기쁘게 춤을 추던 사람들……
무대가 끝나고 난 후에도 여운이 남아 손을 잡고 인사했던 그 얼굴들……
그때 앵콜을 받아주지 못한 것이 너무나 아쉬워서

2011년, 다시 소록도를 찾았습니다.

"정말 꼭 오고 싶었고, 만나고 싶었고,
들려드리고 싶었습니다.
너무 늦게 와서 죄송합니다."

70분 동안 그는 온 힘을 다해 열창을 하고,
무대에서 내려와 함께 춤을 추고,
한 명 한 명과 악수를 나누고 껴안으며
아쉬움을 달랬다고 합니다.

우리는 모두 편견이나
고정 관념을 가지고 살아갑니다.

그리고 그런 것들은
누군가의 작은 노력만으로도
하나씩 깨지기도 합니다.

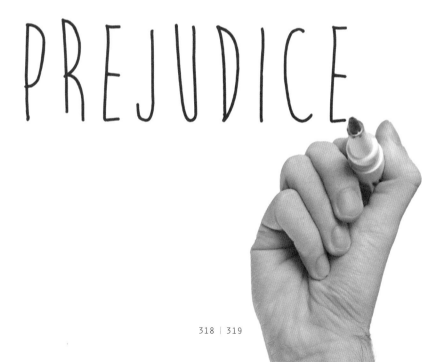

PREJUDICE

"저는 다만 주어진 임무에 최선을 다했을 뿐입니다."

—— 남해해경청 특수구조단 신승용 경사 ——

Q 일반적인 사람이라면 이와 같은 상황에서 '위험하진 않을까?' 하며 주저했을 것입니다. 그런데 당시 기름이 유출되는 모습을 보며 어떤 생각으로 사선에 뛰어드셨나요?

A 현장에 도착했을 때에는 이미 기름이 많이 유출되어 바다를 뒤덮고 있었습니다. 저걸 막지 않으면 해양오염이 상상할 수 없을 만큼 심각하겠다고 생각했어요. 저뿐만 아니라 아마 구조대원이라면 누구든 주저 없이 현장으로 뛰어들어갔을 것입니다. 현장 상황이 매우 긴박하고 위험해서 실제로 사고 수습에 2시간이 걸렸다는 사실도 로프에서 내려와서 알게 되었고요.

Q 사진으로 보기에도 사고가 꽤 커 보입니다. 기름의 양이 엄청나던데, 기름을 막았던 당시 상황을 들어볼 수 있을까요?

A 당시 해상은 기상 불량으로 높은 너울성파도가 일고 있었고, 제가 헬기로 사고현장 상공에 접근했을 때에는 많은 기름이 파도를 타고 사고 선박 주변으로 퍼져나가고 있었습니다. 헬기에서 내려 사고 선박 갑판에 갔을 때엔 기름이 콸콸 흘러나와 파공부위를 눈으로 확인하기도 어려웠고요.

(사진에서 왼쪽)

　일단 로프를 타고 내려가 보니 파공부위가 배의 만곡에 위치하고 있어 손이 닿질 않았고, 파도에 의해 선박이 좌우로 흔들려 접근이 어려웠습니다. 다행히 함께 현장에 투입되었던 이순형 경위가 뒤에서 저를 밀어주어 파공부위에 간신히 몸을 붙일 수 있었죠. 지속적으로 파공부위에 붙어 있기 위해 어쩔 수 없이 로프구조 장비인 카라비너와 데이지체인을 이용해 우리의 몸을 파공부위에 걸고 작업을 진행했습니다.

　처음 파공부위의 크기를 확인하기 위해 손을 집어넣어 구멍 크기를 대략적으로 확인하고, 갑판 위에 대기하고 있던 대원들에게 봉쇄장비인 나무쐐기와 플러그를 내려 받아 작업을 이어나갔습니다. 봉쇄작업을 진행하는 초기에는 기름이 얼굴과 몸 전체로 쏟아져 작업을 하는 데 어려움이 있었으나, 점차 구멍을 막고 새어나오는 기름 양을 줄여가니까 끝까지 작업을 해낼 수 있었습니다.

Q 아무나 할 수 없는 일을 덤덤히 해내는 사람이 '영웅'이라고 생각하고, 그래서 이 책에서는 두 분을 '영웅'이라 칭했습니다. 경위님께서 생각하시는 영웅의 정의가 있다면 무엇일까요?

A 언론 인터뷰에서도 계속 말씀드렸지만, 저희는 결코 저희를 영웅이라고 생각하지 않습니다. 다만 저희에게 주어진 임무에 최선을 다했을 뿐이죠. 제가 생각하는 영웅이란 많은 사람들이 주저하는 상황에서 자신을 던져 묵묵히 의로운 일을 하는 사람이라고 생각합니다. 저희 말고도 우리 사회에는 아직까지 이런 영웅들이 많이 존재한다고 믿어요.

Q 당시 영상과 사진을 보면 기름 냄새를 맡기만 해도 머리가 아픈 저로서는 정말 상상도 하기 힘든 고통이 느껴지는데요. 혹시 사고 이후 후유증은 없으신지요?

A 처음 기름을 맞았을 땐 좀 따뜻하다는 느낌이 들었는데, 벙커C유가 점점 식으면서 끈적끈적해지더라고요. 이를 씻어내는 일도 힘들었고요. 기름으로 인해 얼굴에 기름독이 올라 귀와 얼굴 표피가 벗겨지고 부어오르는 등의 고생을 했습니다. 장시간 로프에 매달려 있어서 허리 통증도 있었고요. 하지만 지금은 특별한 지장 없이 잘 생활하고 있습니다.

Q 바다를 지키는 해경으로 근무하시면서 태종대 기름유출 사고 외에도 가장 뿌듯했던 순간이나 기억에 남는 순간이 있으신가요?

A 아무래도 구조대원으로서 가장 보람을 느끼는 순간은 어려움에 처해 있는 사람을 구할 때가 아닌가 생각합니다. 오래 전 서해에서 근무할 때 전복 선박에 갇혀 있던 사람을 구했을 때가 떠오르네요.

　　2001년, 제가 해경에 입사한 지 얼마 되지 않아 군산해양경찰서 구조대에서 근무할 때가 기억납니다. 당시 구조대기 중 전복된 선박이 있다는 상황실의 긴급출동 명령을 받고 동료들과 함께 현장으로 달려갔습니다. 낚시 어선이 전복되어 있었는데 당시 기상이 좋지 않아 전복된 어선이 언제 침몰할지 모르는 위험한 상황이었습니다. 급박했던 상황 속에서 사투 끝에 전복된 어선 선실에 갇혀 있던 낚시객 여섯 분을 무사히 구조했고 가족 분들 품으로 돌려보냈던 게 가장 기억에 남습니다.

Q 최근 들어 경찰관이나 소방관 등 국민의 안전을 책임지는 직업에 대한 대중의 관심이 남달라진 것 같습니다. 하지만 제복을 벗고 있을 때는 평범한 우리의 이웃이고, 그렇기 때문에 희생정신과 사명감이 더욱 빛난다고 생각하는데요. 경위님의 일상적인 모습은 어떤지 듣고 싶습니다.

A 저도 아내와 세 자녀를 키우고 있는 평범한 가장입니다. 저의 일상도 여러분의 일상과 다르지 않아요. 지금은 쌍둥이 두 딸아이가 고등학교 3학년이라 수험생 부모의 어려움을 몸소 체험하고 있습니다. 제 아이들이 각자가 소망하는 꿈을 이루길 간절히 바라며, 옆에서 응원하고 있죠.

Q 경위님들을 보며 어려운 상황에도 주저하지 않고 용기 있게 나서는 자세를 많이 배웠습니다. 경찰로서, 이 책을 읽는 독자들에게 해주고 싶으신 말씀이 있나요?

A 오늘 텔레비전에서 뉴스를 보다가 한 기사가 눈에 들어왔습니다. 오토바이를 타고 지나가던 청년 남녀가 자동차가 쌩쌩 달리는 도로 한복판에서 도로에 떨어져 있는 벽돌을 치우는 장면이 나오더군요. 자칫 자신이 위험할 수 있는 상황에서 많은 사람의 안전을 위해 용기 있는 행동을 보여준 청년들에게 박수를 보내고 싶습니다. 많은 분의 용기 있는 행동이 우리 사회를 보다 안전하고 행복하게 만들어주는 밑거름이 되리라 믿어 의심치 않습니다. 저 또한 해양경찰로서 제가 맡고 있는 안전임무에 최선을 다하겠습니다. 마지막으로 지금까지 저의 이야기를 들어주신 여러분께 감사의 말씀을 드립니다.

"내가 받을 때보다
줄 때가 더 즐거워."

—— **진도 노부부, 한추향 할아버지** ——

Q 요즘에는 어떻게 생활하시나요? 계속 화장실 청소를 하며 봉사하고 계신가요?

A 요즘에는 특별하게 하는 일이 없어. 할머니가 집안일하고 손자에게 밥해주고 하는 정도지. 나는 우리 손자 학교 오가는 길 데려다주고 그러고 있어. 이제 특별히 봉사활동은 안 하고, 시간 있으면 마을회관에 내려가서 노인들 모시는 일을 하고 있어.

Q 청소를 하시며 번 돈을 지역사회에 기부하셨다고 들었습니다. 힘들게 마련하신 돈인데 선뜻 내놓을 수 있었던 이유가 무엇인가요?

A 사실 돈을 내놓는 일이 쉽지만은 않았어. 나는 평생을 농사꾼으로만 살아왔지 청소일은 처음이었거든. 청소를 처음 하게 된 게 우리 지역 면장이 화장실 청소를 해보면 어떻겠냐고 나와 할머니에게 제안을 해왔어. 착실하니 내가 잘할 것 같고, 생활에도 도움이 될 것 같다고 하면서 말이야. 처음에는 내가 네 개의 공중화장실을 청소했는데, 여자화장실의 경우는 혼자서 하기가 힘들더라고. 그래서 할머니도 나를 돕기 시작했지. 기부는 청소일이 끝나고 2개월 후에 이야기가 나온 건데, 우리 손자가 초등학교 때부터 지금까지 행정기관이나 장학재단 같은 곳에서 도움을 많이 받았어. 장학금도 받고 옷가지도 받

고. 말하자면 사회적으로 도움을 많이 받은 거지. 그런데 도움을 받아서 기쁜
것도 큰데, 나도 누군가에게 도움을 주고 싶다는 생각이 들더라고. 그래서 할
머니에게 말했어. 우리는 화장실 청소로 번 돈 없이도 잘 살 수 있지 않느냐,
딸이 보내주는 용돈만으로도 우리 생활에 충분하지 않느냐고 말이야. 그랬더
니 할머니가 깜짝 놀라더라고. 그렇게 어렵게 번 돈을 어떻게 다 내놓느냐는
거지. 처음엔 그랬는데, 결국엔 할머니도 우리가 사회에 도움을 주면 좋겠다
고 하더라고. 사실 우리는 기부 방법도 잘 몰랐거든. 그래서 면장에게 이야기
를 했고, 진도에 있는 장학재단에 기부를 하게 된 거야. 기부 후에는 2개월 정
도 봉사를 더 하다가 할머니 몸이 불편해져서 그만두었지.

Q 할아버지의 손자 사랑이 정말 남다르신 것 같아요. 손자가 올해 몇 살인가요? 어
르신들께서 돌보시기에 어려움은 없으신가요?

Ⓐ 손자는 올해 16살이 되었어. 손자 돌보는 데 내가 힘든 건 하나도 없지. 나는 손자 돌보는 일 외에 따로 하는 일이 없고, 지금은 손자가 있는 것만으로도 너무 좋아. 집에서 학교까지는 2킬로미터 정도 되는데 갈 때는 내가 직접 데려다주고, 3~4시쯤 학교가 끝나면 합기도 학원에 갔다가 5시쯤 진도읍에서 시내버스를 타고 집에 와. 그럼 그때 내가 다시 나가서 데리고 오지. 나와 할머니 모두 손자가 계속 옆에 있어주는 것만으로도 정말 큰 힘을 받고 있어.

Ⓠ **손자가 지적장애를 겪고 있다고 들었습니다. 지적장애에 대한 편견이나 선입견을 가진 사람들이 많은데, 손자분께서는 마을에서 참 많은 사랑을 받고 있는 것 같아요.**

Ⓐ 우리 마을에는 어린 사람이 없어. 그래서 사람들이 무척 귀여워하지. 학교에서는 선생님들과 친구들이 너무 잘해줘. 손자가 일반적인 사람들과 다르다는 걸 전혀 느끼지 않으며 살고 있어. 요즘은 장애아에 대한 대우가 많이 좋아진 것 같아. 사회적 약자니까 학교나 다른 기관에서 배려를 많이 해주지. 학교에 가보면 할아버지가 손자를 데려다주는 경우가 거의 없거든. 대부분 부모님들이 데려다주고 그러는데, 내가 학교로 가니까 선생님들이 많이 반가워해.

Ⓠ **청소 봉사를 하시며 힘든 점은 없었나요?**

Ⓐ 힘든 적 많았지. 생각하는 것과 실제로 하는 게 정말 다르더라고. 평소에는 힘들겠거니 했는데, 실제로 해보니까 고초가 많았어. 아무래도 여러 사람이 사용하는 거니까 청소를 하는 일 자체가 쉽지 않더라고. 때로는 술을 마신 사람도 들어오고, 불을 피우는 사람도 있었어. 아니 어느 날은 화장실에 들어가 보니까 누가 바닥에 불을 피워놨더라고. 새벽에 그걸 보고 잠시 집에 갔다가 다시 치우러 갔는데 누가 다 치워놨지 뭐야. 이런 예상하지 못한 일들이 많았어. 이렇게 힘들게 일해보니까, 내가 공중화장실을 가면 더 정돈하고 쓰레기

를 잘 버리게 돼. 역시 사람은 경험을 해봐야 아는 것 같아.

Q 앞으로의 계획이 있으신가요? 계속 봉사와 기부를 하며 사실 생각이신가요?

A 이제 내 계획은 그저 자식들 건강하기를 빌고, 손자가 정직하고 착하니 스스로 먹고살 수 있기를 바랄 뿐이야. 노인들이 시골에 모여서 살고 있는데, 외로운 사람이 무척 많아. 그런 사람들에게 내가 도움이 되고 싶어. 우리 집사람은 지금 한글 공부를 하고 있거든. 우리가 어렸을 때에는 6·25사변 때문에 공부하기가 어려웠어. 지금 할머니가 회관에서 공부를 아주 열심히 하고 있는데 그런 일을 도우면 좋은 거지.

Q 끝으로 할아버지에게 있어 봉사와 나눔이란 무엇인가요?

A 나눔이라는 게 내가 받을 때보다 줄 때가 더 즐거워. 내가 이장을 많이 했는데, 그때 외로운 분들이나 도움이 필요한 분들에게 도움을 많이 주고 그랬어. 근데 그때는 그냥 일을 하나보다 했거든. 그런데 손자를 길러보니까 다르더라고. 마음을 다해 도움을 주는 일이 즐겁고 행복하고 재미있다는 걸 알았어. 평소에는 몰랐던 사실이지. 예전에 방송국에서 촬영을 온 적이 있었는데, 나눔을 널리 알릴 수 있다면 좋은 일들이 더 많이 일어날 테니까 그래서 응했어. 나로 인해 도움이 될 수 있는 부분이 있다면 뭐든 다 할 수 있을 것 같아. 물론 도움을 받는 게 더 좋을 때가 있지. 근데 내가 도움을 주면 내가 너를 도울 수 있다는 능력이 입증되는 것 같아서 기분이 좋아져. 우리가 조선일보에서 주최했던 청룡봉사상에 선정된 적이 있는데, 그때 상금을 1,000만 원이나 받았어. 그것도 다 사회에 환원했지. 앞으로도 내 능력이 필요한 곳이 있으면 다 기부하고 싶어.

SOCIETY

시민이여,
오로지 돈을 벌고
명성과 위신을 높이는 일에 매달리면서
진리와 지혜와 영혼의 향상에는
생각이나 주의를 조금도
기울이지 않는 것이
부끄럽지 않은가?

−고대 그리스의 철학자
소크라테스의 마지막 질문

희망을 싣고
달리는 택시

돈, 누구나 쓸 수 있지만
어떻게 쓰느냐가 더 중요합니다

단돈 100원으로
몇 명의 사람을 행복하게 만들 수 있을까요?

100원으로 행복을 살 수 있는 곳,
충남 서천군의 '희망택시'를 소개합니다.

충남 서천군에는 작은 마을이 여러 군데 있습니다.
그런데 외지에 있는 마을들은 교통편이 매우 열악하다고 해요.

버스 회사들이 수익이 나지 않는 노선들을 하나둘 없애면서
마을 사람들이 시내로 나가기가 힘들게 되었지요.

서천군은 이 문제를 해결하기 위해
택시를 이용하기로 했습니다.

대중교통이 전혀 다니지 않는
6개 읍, **23개 면** 마을 주민들을 위해
희망택시를 만든 것이지요.

희망택시는 읍내까지 100원,
면 소재지까지는 1,100원을 받는다고 해요.
그리고 실제 운행 요금과의 차액은
군에서 대신 내준다고 합니다.

놀라운 것은 희망택시가
버스를 유치하는 경우보다
**휠씬 적은 예산으로
운영이 가능하다는
점입니다.**

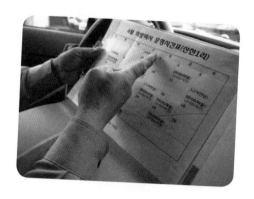

타는 사람은 **싸고 편해서** 행복하고,
태워주는 사람은 **보람 있고 수입이 늘어서** 행복하고

작은 아이디어만 있으면
100원으로도
꽤 많은 사람들이
행복해질 수 있지 않을까요?

2

안녕하세요, 준희

굳게 닫힌 철문과
차가운 콘크리트 벽을 녹인
한 소녀의 메시지

옆집에
누가 사는지
아세요?

아랫집은요?

꼭꼭 닫힌 문,
이웃이 누구인지
서로 알기 쉽지 않습니다.

그런데 여기, 깜찍하게 이사 신고를 한
7살 소녀가 있습니다.

청주의 한 아파트 1206호에 이사 온 준희는
엘리베이터에 이사를 신고하는
알록달록한 벽보를 붙입니다.

이 귀여운 이사 신고에
묵묵부답이던 주민들 중 **한 사람이**
준희에게 답변을 남기는데요.

**이것을 시작으로 사람들의
훈훈한 답변이 이어집니다.**

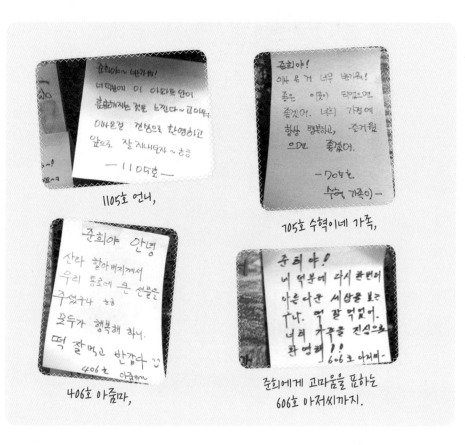

1105호 언니,

705호 수혁이네 가족,

406호 아줌마,

준희에게 고마움을 표하는
606호 아저씨까지.

2011년 말,
청주의 한 아파트 이웃들의
마음을 녹인 작은 벽보 하나

여전히 우리는 주변의 이웃이 누구인지 잘 모르지만,

준희의
작은 벽보가 알려주었듯이
우리의 이웃들은
문을 꼭 걸어잠그기엔
너무나 좋은 사람들
아닐까요?

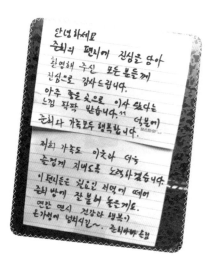

마! 라이트

자장면, 총알,
강속구보다 빠른 것은?

가로등이 있어도
주위를 둘러보게 되는
어두운 골목길

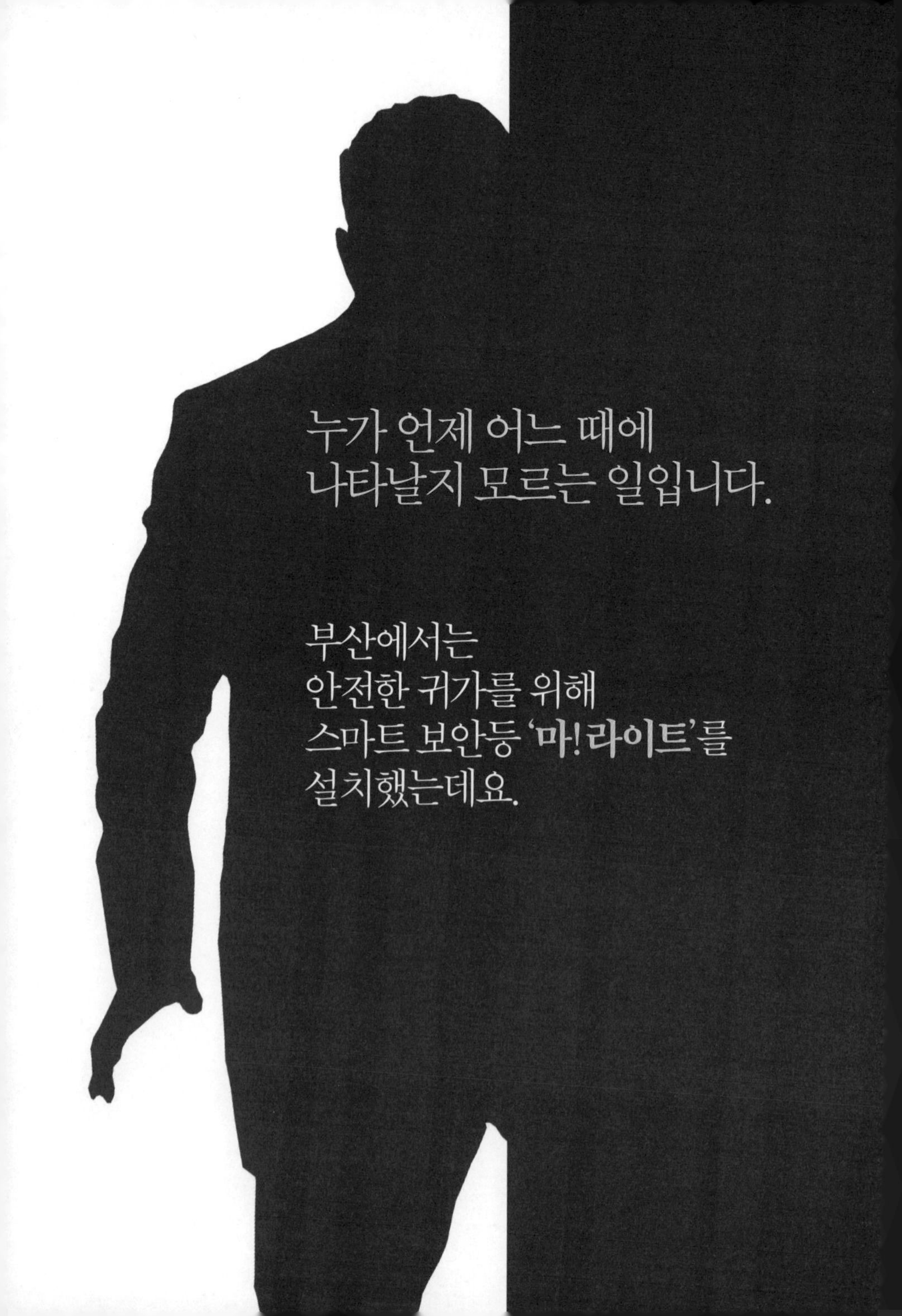

누가 언제 어느 때에
나타날지 모르는 일입니다.

부산에서는
안전한 귀가를 위해
스마트 보안등 '마!라이트'를
설치했는데요.

인터랙티브 라이팅 메시지 시스템을 적용해
지나가는 사람을 인지하면

바닥에 '마!'라는 글자와 함께
포돌이 · 포순이 실루엣이 나타나
안도감과 재미를 줍니다.

'마!'는 부산 사투리인 '임마'를 줄인 말로
부산 사람들의 감정이 담긴
대표 키워드라 할 수 있는데요.

보행자에게는 **주의 환기**를,
범죄자에게는
경고의 메시지를 전달하여
어두운 골목길에서도
누군가 안전하게
지켜보는 듯한 느낌을 줍니다.

'마!라이트'에는
"자장면 · 총알 · 강속구
LTE보다 빠른 부산 경찰!"이라는
글귀와 함께 112 신고 시
빠르게 출동할 수 있는 주소를 기재해
더욱 안전한 귀갓길을 만들고 있습니다.

지금도 무슨 짓을 꾸밀지 모르는
범죄자들에게 고합니다.

마! 쫌!

The Social Swipe

카드를 가장
올바르게 긁는 방법

우리가 살고 있는 이 세상에는
아직도 자유를 누리지 못하거나
빵 한 쪽이 없어
배고파하는 사람들이 많습니다.

이런 사람들을 우리 힘으로 구해줄 수 있을까요?

독일의 자선 기부단체 Misereor는
유럽에서 카드결제가
소비활동의 40퍼센트를 차지한다는
결과에 아이디어를 얻어
직관적이고 쉬운 기부방법을
생각해냈습니다.

대형 스크린 안에 카드를 결제할 수 있는 공간을 두고
양 옆으로 분할된 인터렉티브 영상을 보여주었는데요.

화면 중앙에 카드를 긁으면 2유로가 기부됨과 동시에
손목을 묶은 밧줄을 자르거나
빵 한 조각을 자르는 영상을 보여줍니다.

가난한 국가의 아이들을
과도한 노동에서 구해주고,
기아에 허덕이는 아이들에게
빵을 전해주는 것이지요.

캠페인에 참여한 사람들은
영상을 통해 자신의 기부가
사람들에게 어떤 혜택을 주는지
간접적으로 볼 수 있었습니다.

더불어 이 기부 캠페인은
비밀번호를 치지 않아도 **긁기만 하면** 바로 **결제**가 되기 때문에
편안함과 **뿌듯함**을 동시에 느낄 수 있답니다.

카드로 결제하는 행동이 꼭 무언가를
자르는 듯하다는 점에서 착안한 이 캠페인은
단순한 행동에 **큰 힘**이 실려 있다는 것을
사람들에게 말해주고 있어요.

더 많은 사람들에게
큰 힘이 전해졌으면 좋겠습니다.
그리고 그 힘으로
당신도 행복해졌으면 좋겠습니다.

SSEKO 샌들

우간다 여성을 위한
세상에서 가장 아름다운 꽃신

대학은 학생들이 깊이 있는 지식을 쌓고,
사회에서 역량을 펼칠 수 있도록 발판을 마련하는 곳입니다.

**우리나라는 80퍼센트의 대학 진학률을 자랑하지만,
빈민국의 경우에는 가난으로 인해
학업을 포기하는 경우가 많습니다.**

특히 여성 인권이 낮은 우간다에서는
일자리를 구하지 못해 성매매의 늪으로
빠지는 여성이 많다고 합니다.

이 이야기는 우간다 여성들을 좋은 길로 안내해줄
SSEKO DESIGNS 샌들에 관한 것입니다.

자원봉사를 하기 위해 미국에서 우간다로 온 소녀 **리즈 보하논**은
극심한 빈부격차로 인해 거리에서 구걸하는 여성들을 목격했고,

그녀들이 대학 등록금을 마련할 수 있도록
SSEKO DESIGNS 샌들을 만들었습니다.

대학에 들어가야 하는 **우간다 여성들을 고용해**
9개월간 샌들을 만들게 하고 수익금 또한 **등록금으로 쓰게** 하여

그동안 소외되어 있던 **여성의 사회적 지위**를 높이고,
대학 진학이라는 길을 열어주었습니다.

샌들을 만드는 우간다 여성에게는
평소에 벌 수 있는 임금보다 **6배가량 높은 임금**을 **지급**했고,
임금의 90퍼센트를 가정에 헌납해야 하는
우간다의 문화와 사회적 압박에서 벗어날 수 있도록
**번 돈의 50퍼센트는 매달 특수 계좌에 입금해
출금하지 못하도록 막고 있습니다.**

리즈 보하논은 상품의 질을 높이기 위해
내구성 좋은 가죽을 구하러
우간다 전 지역을 돌아다니기도 했고,

SSEKO DESIGNS 샌들을 판매하며
공정 무역과 사회적 의식이 있는
기업의 제품을 소비하는 일이
아프리카와 세계 각지의 빈곤 여성들에게
얼마나 큰 힘이 되는지를 보여주고 있습니다.

좋은 신발은 우리를 좋은 곳으로
데려다준다는 이야기가 있습니다.

비록 화려하고 값비싼 명품은 아닐지라도
좋은 마음이 모인 신발이라면

우간다 여성들이 가는 길에는
항상 아름다운 꽃과 향기만이
가득할 것 같습니다.

Very Good Manner

폴란드에서는 꼭
테이블 매너를 지켜주세요

쇼팽의 나라,
폴란드로 여행을 떠나볼까요?

여행에는 식도락이 빠질 수 없죠!
폴란드에서 유용한 **테이블 매너**를 알려드릴게요.

식사 중 잠시 자리를 비울 때는 포크와 나이프를 살짝 교차하세요.
아직 덜 먹었다는 의미입니다.

다 먹었을 때에는 포크와 나이프를 일자로 놓으세요.
접시를 치워달라는 의미입니다.

그리고 마지막으로 포크와 나이프를 크로스해보세요.
당신은 식사값보다 돈을 더 내게 될 것입니다.

왜 돈을 더 낼까요?

포크와 나이프를 크로스하는 이것은
'베리 굿 매너'라 불리고,
최근에 생겨난 테이블 매너입니다.

폴란드에서는 4명당 1명의 아이가 규칙적인 식사를 할 수 없다고 합니다.
매년 결식아동을 위해 모금 캠페인을 진행했던 폴란드 적십자는
사람들이 좀 더 손쉽고 일상적으로 기부할 수 있는 방안을 생각했습니다.

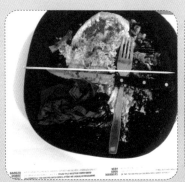

그래서 테이블 매너에 하나를 추가했습니다.
포크와 나이프를 십자로 크로스하면,
결식아동을 위해 1,970원을 더 지불하는 매너를 말이지요.

약 30개의 식당이 함께 진행했던 적십자의 프로젝트 덕분에
모금액은 무려 65퍼센트나 상승했다고 합니다.

일상 속 식당, 일상 속 식사, 일상 속 매너……
이 모든 것들과

작은 아이디어가 만날 때
우리는 더 나은 세상을
만들 수 있습니다.

지하철 계단의
비밀

매일 보지만
아무도 몰랐던

오늘 아침에도 본 풍경인가요?
우리에게는 아주 익숙한 사진 한 장입니다.

겉보기에는 아주 낯익은 이곳에 더 나은 세상을 만들기 위한
아이디어가 숨어 있다는 사실을 알고 있나요?

바로 저시력자들을 위한 배려입니다.

지하철 이용객 중에는
시각장애인에 속하는 저시력자 분들이 있습니다.

문제는 우리 눈에 이렇게 보이는 지하철 계단이

그분들 눈에는 이렇게 보인다는 사실입니다.

물론 채도 차이가 큰 미끄럼 방지대가 도움을 주기도 하지만,
대부분은 없는 것이 현실입니다.

방금 전까지 지하철 계단의 사진을 몇 장 살펴보았는데요.
혹시 숨어 있는 비밀을 눈치채셨나요?

비밀은 바로 계단의 옆 부분입니다.

채도 차이가 큰 옆 벽면의 **검은색**과 **계단**이 만나
계단의 형상을 **어렴풋이 볼 수 있다**고 해요.

고개를 옆으로 돌리고 계단을 오르내릴 수밖에 없어
시선 처리 때문에 오해를 많이 받기도 한답니다.

자, 아직도 익숙하기만 한 풍경인가요?
더 나은 세상을 위한 아이디어는
우리 주변 곳곳에 있답니다.

발자국 나무

걷는 일만으로도
환경을 살릴 수 있습니다

봄

청명한 하늘과
파릇파릇한 새싹이 움트는 계절

봄

뿌연 미세먼지가
하늘과 거리를 뒤덮는 계절

당신의 발자국으로
푸른 나뭇잎을
만들어주세요.

최근 중국에서 유입되는 미세먼지가
꽃피는 봄을 뿌옇게 뒤덮고 있습니다.

미세먼지는 자동차 배기가스와
공장에서 나온
유해성분이 들어 있어 건강에
치명적이라고 하는데요.

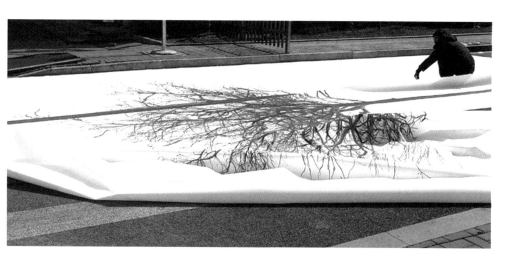

Green Pedestrian Crossing은 자동차로 인한 대기오염을 줄이기 위해
나뭇잎이 없는 나무 그림을 횡단보도에 깔고,

양 끝에 친환경 페인트를 부은 뒤
지나다니는 사람들의 발자국으로 나뭇잎이 생기도록 만들었습니다.

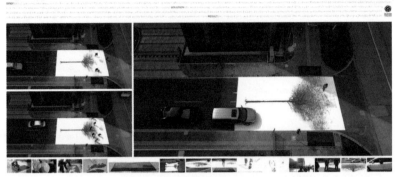

이 캠페인은 중국 **15개 도시, 132개의 거리**에서 펼쳐졌으며,
총 **3,920,000**명의 사람들이 자연스럽게 이 캠페인에 참여했습니다.

자신의 발자국으로 나뭇잎이 만들어지는 것을 보며
사람들은 환경보호에 대해 다시금 생각할 수 있고,

자동차를 타는 대신 걸어 다니자는 메시지를
몸소 이해할 수 있게 되었습니다.

발자국으로 만들어진 나뭇잎,
그 어떤 나무보다 푸른빛을 띠는 것 같아요.

봄

뿌연 미세먼지가
하늘과 거리를 뒤덮는 계절

봄

나무의 초록과 향긋한 꽃 내음이
거리를 뒤덮는 계절

미리내가게

미리내가게는
미리 내는 가게입니다

커피 한 잔의 여유

조차 즐길 수 없는
사람들이 있습니다.

<u>어쩌면 우리의 이웃일지도 모르겠네요.</u>

<u>이웃을 위해 계산할 돈을 미리 내는 미리내가게</u>

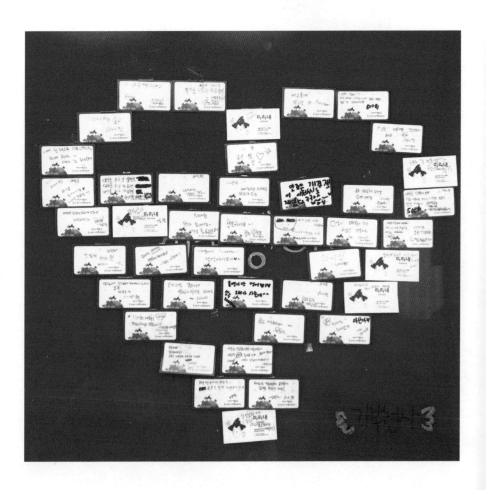

미리내가게의 이용 방법은
아주 단순합니다.

다른 사람의 음식값을
내가 미리 내주는 것이지요.

**이렇게 누군가가
아이스크림
한 개의 값을
미리 내주면,**

**아이스크림이 필요한 이웃은 쿠폰으로
아이스크림을 먹을 수 있게 됩니다.**

많은 사람들이
빵 한 쪽, 커피 한 잔으로
행복을 나누고 있어요.

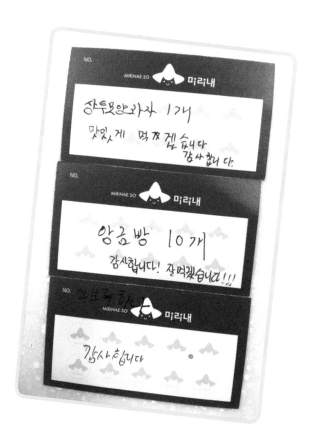

미리내가게는 점점 늘어나고 있으며,
국내에 약 200개의 가게가
미리내가게로 운영되고 있다고 합니다.

'미리내'라는 단어는 미리 계산한다는 의미도 있지만,
은하수의 순우리말이기도 합니다.

미리내가게,
미리내처럼
밝은 별들이 흐르는
세상을 꿈꾸게 합니다.

10

따뜻함의 순간

추위를 녹이는
가장 효과적인 방법

겨울의 따뜻함이
소중한 이유는 무엇일까요?

우리의 언 몸과 마음을
훈훈하게 데워주기 때문일 것입니다.

추위에 둘러싸인 당신을 위한
따뜻한 순간,
Moments of Warmth 프로젝트를
소개합니다.

유명 건전지 브랜드 듀라셀에서는
캐나다 북부 길거리에 **특별한 히터**를 설치했습니다.

현금인출기처럼 생긴 투명한 부스인데요.

이곳에서 몸을 녹이고 싶다면
먼저 손바닥 그림이 그려진 곳에 **손**을 **갖다 대야** 합니다.

그리고 **반대편**에 있는 손바닥 그림에도
손을 올려놔야 하는데요.

한 사람만으로는 반대쪽에 손이 닿지 않아
꼭 두 명 이상의 사람이 함께해야 합니다.

또한 함께하는 사람이 두 손을 꼭 맞잡아야
히터가 작동된다고 하네요.

거창한 기술이 아닌,
사람들의 온기를 연결시켜 따뜻함을 나눈 **Moments of Warmth**.

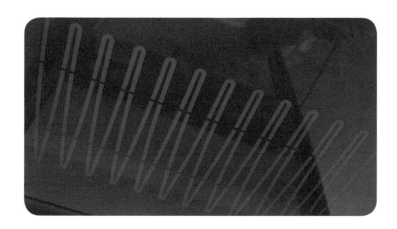

어쩌면 추위에 얼어붙은
우리의 몸을 녹이는 건

WE WANTED TO SEE IF WE COULD CHANGE THAT.

SOCIETY

난로도, 히터도아닌
두 손을 맞잡은 순간의
따뜻함이 아닐까요?

"저는 우간다의 모든 여성이 행복하고 건강해지길 바랍니다."

──── 'SSEKO DESIGNS' 대표 Liz Bohannon ────

Q '샌들을 팔아 우간다 여성들을 대학에 보낸다?' 어떻게 이런 생각을 했나요?

A SSEKO는 우연으로부터 시작되었습니다. 저는 우간다에 기사를 쓰러 왔는데요. 어느 날 우연히 여성 한 무리를 만나게 되었어요. 이 무리는 대학 입학을 비롯해 나름의 꿈을 가지고 살아가고 있는 재능 넘치고 야망 있는 여성들이었죠. 하지만 경제적인 어려움으로 인해 그 어떤 것도 할 수가 없었어요. 그 순간 저는 제가 적절한 장소와 시간에 왔다는 사실을 깨달았고, 이 여자아이들의 사연이 내 인생의 한 부분이 될지도 모르겠다는 생각이 들었습니다. 그렇게 SSEKO가 생겨났어요. 여자 아이들을 돕기 위해서는 수익이 필요했는데, 그 수익을 열여덟 살 난 여자 아이들과 함께 만들어가기로 계획했습니다. 다양한 아이디어 중 제가 예전에 직접 만들어보았던 '끈이 달린 샌들'이 가장 적합했고, 저는 몇 주간 우간다를 돌며 필요한 재료를 찾고 신발 제작에 필요한 기술을 배웠습니다. 이후 세 명의 여성 노동자들을 고용했고, 몇 주 후 망고나무 아래에서 동아프리카 샌들 회사가 탄생했습니다.

Q 그렇다면 우간다 여성들은 SSEKO에 고용되어 어떻게 대학까지 진학할 수 있나요?

A SSEKO는 고등학교를 졸업하고 대학교 입학을 앞두고 있는 여성들을 모아 9개월간 계약직 채용 프로그램을 이수하는 형식으로 운영되고 있습니다. 가장 잠재력 있는 여성들이 대학 등록금을 마련할 수 있도록 돕는 거죠. 월급의 90퍼센트는 예금저축에 들어가며, 등록금이 완전히 마련되기 전까지는 출금하지 못하게 막았습니다. 즉, 수익의 일부로 등록금을 마련할 수 있게 보장하는 것입니다. 또한 이러한 예금저축 관리는 여성이 가족의 가난과 어려움을 짊어져야 한다는 사회적 압박감을 완화시켜주고, 부당한 거래로부터 그들을 보호해줍니다. 매 프로그램이 끝날 때마다 SSEKO는 9개월간 등록금의 100퍼센트를 마련한 모든 여성에게 장학금도 지급하고 있습니다.

Q SSEKO에서는 다양한 제품을 만들지만, 그중에서도 '샌들'이 가장 유명한데요. Liz는 왜 샌들이라는 아이템을 처음 선택했나요?

 대학교에 다닐 때 신발의 밑판과 빈티지한 리본을 가지고 한 쌍의 샌들을 만든 적이 있었어요. 제가 보기에 매우 멋졌고 신기에도 편했기 때문에 정말 만족스러웠죠. 신고 다닐 때마다 주변 사람들이 샌들에 대해 여러 번 물어보기도 했어요. 물론 그 당시에는 그저 친구네 집에 놀러가 하룻밤을 보내며 심심풀이로 만든 것이라 웃으며 이야기했습니다. 긴 세월이 흐르고 우간다에서 무엇을 만들까 의견을 나누던 중, 예전에 제 샌들을 본 친구 한 명이 그걸 만들면 어떻겠냐고 제안을 했어요. 그리고 예상한 대로 결과는 환상적이었습니다. 삶의 한 순간이 이렇게 180도 다른 궤도로 바뀌게 될 줄 누가 알았겠어요.

 SSEKO만의 특별한 근무조건이나 환경이 있나요?

 SSEKO는 여성들에게 영감을 주고, 좋은 처우를 통해 온전한 사람으로 대우받을 수 있도록 합니다. 이러한 관리가 여성들에겐 지속적으로 공부해나갈 수 있는 힘을 주는데요. 그중 대표적인 근무조건은 '멘토링 프로그램'입니다. 여성이 지망하는 분야의 전문가와 매칭을 시켜주는 거죠. 이런 특별한 기회 덕분에 여성들은 우간다 커뮤니티의 리더들에게 지식을 배우고 정보도 얻을 수 있습니다. 멘토링 프로그램은 각각의 여성이 해당 멘토가 하는 일을 직접 경험하는 것으로 마무리됩니다. 예를 들어 병원에서 일을 한 적은 없지만 의사가 되고 싶은 여성에게 이런 경험은 큰 도움이 될 수 있는 거죠. 교육과 진로에 이어, 보건과 건강프로그램도 있습니다. 개인재무 및 예산 관리 교육과 전문성 개발 사업도 지원하고 있고요. 저희의 최종 목표는 모든 여성이 SSEKO에 와서 활발하고 건강한 모습으로 행복해지는 것입니다.

SSEKO를 통해 대학에 진학하고 졸업한 여성들은 현재 어떤 삶을 살고 있나요?

놀랍게도 대부분의 여성이 모든 산업에서 큰 성공을 거두고 있습니다. 사회복지사에서부터 사업가에 이르기까지, SSEKO에서 배출한 여성들이 우간다를 휩쓸고 있답니다. 최근에는 우등생이었던 Mercy가 자기 마을에 IT교육과 자료를 공유하고 가르치는 학교를 설립했다고 하네요.

Q 만약 Liz가 우간다에 오지 않았다면, 지금쯤 무엇을 하며 살고 있을까요?

A 좋은 질문이네요! 한 번도 생각해보지 않은 질문이에요. 아마도 저의 호기심이 저를 한국으로 이끌어 기자 생활을 하거나 벤처 사업을 하지 않았을까요? 언젠가 SSEKO가 한국에까지 확장되어 이 책의 독자들과도 소통할 수 있는 시간이 마련되었으면 좋겠습니다.

Q 마지막으로 Liz와 SSEKO의 최종 목표는 무엇인가요?

A 저희는 다양한 꿈과 계획을 성장시키고 또 이뤄가고 있습니다. 저희의 주요한 목적은 우간다에서 생산성과 고용의 수를 늘리고, 많은 여성들이 능력을 펼칠 수 있도록 경제적 기반과 교육 여건을 제공하는 것입니다. 또한 취급제품을 지속적으로 확대시키려고 합니다. SSEKO가 멋지고 고품질의 제품을 생산하여 주류 패션 시장에서도 당당히 살아남을 수 있도록 할 것이며, 공정거래를 통해 이를 소비하는 커뮤니티에게 긍정적인 영향을 주고자 합니다. 궁극적으로 저희는 SSEKO 모델을 세상에 있는 다양한 지역사회의 여성들에게 적용해 세계적으로 활발한 변화를 만들고 싶습니다. 지금까지 저와 SSEKO에 대한 이야기를 들어주셔서 감사합니다!

"자신의 강점은 나누고 단점은 보완하는 것, 나눔은 순환입니다."

—— 미리내 운동본부 대표 김준호 교수 ——

Q '미리내'라는 말이 주는 어감이 참 예뻐요. 그러한 이름을 짓게 된 계기와 이 운동을 시작하신 이유가 있나요?

A 우리 사회에 '나눔의 문화'를 만들어보고 싶었어요. 나눔은 '기부'와는 다른 개념이거든요. 기부라는 건 더 나은 환경의 사람이 어려운 사람에게 베푸는 '수직적인 의미'예요. 나눔이라는 건 부자든 어려운 사람이든 똑같이 할 수 있다고 생각했어요. 그래서 우리는 기부가 아니라 나눌 수 있는 프로젝트를 하겠다고 마음먹으면서 지금의 미리내를 준비하게 되었죠. 이름은 단순하게 돈을 미리 계산하고 가는 거니까 '미리내'라고 붙였어요. 이게 은하수라는 뜻도 있으니까 중의적인 표현이죠. 나눔의 별들이 많아지면 우리 세상이 은하수처럼 밝아지지 않을까 하는 의미도 있습니다.

Q 아무래도 전반적인 사회 분위기가 매우 삭막하고, '나눔'을 어려워하는 경향이 있는데요. 이름도 얼굴도 모르는 사람에게 지갑을 여는 이 프로젝트가 성공할 거라 예상하셨나요?

A 당연히 처음엔 성공할 거라 생각하지 않았어요. '나도 힘든데 무슨 나눔이냐.' 그런 말이 제일 많았어요. 돈을 미리 낸다는 건 정말 쉽지 않은 일이거든요.

그러다가 문득 '커피숍 쿠폰'이 생각났어요. 사람들이 열 번을 채운 후 자기가 먹지 않고 다른 사람에게 준다면 그것만으로도 나눔이 될 수 있겠다고 본 거죠. 그렇게 방향을 잡아야겠다고 생각하던 차에 어떤 분이 미리내가게 1호점에서 커피 40잔을 미리 카드로 계산하고 가셨어요. '정말 이게 되는 건가?' 하고 생각했는데, 그 이후에 어떻게 알았는지 전국에서 연락이 왔어요. 그렇게 6개월 만에 미리내가게가 100호점이 넘었죠. 사실 정교하게 프로젝트를 기획하거나 그런 것도 없었어요. 다만 취지에 공감해주신 사장님들께서 제게 아이디어를 많이 주시고 도움도 많이 주셨어요. 그래서 금방 미리내가게가 퍼질 수 있었습니다.

Q 미리내가게는 카페, 음식점, 스튜디오, 심지어 치과까지 동참해 운영되고 있는데요. 각각의 운영 방식이 궁금합니다.

A 미리내가게는 업종이 정말 다양해요. 핸드폰 가게도 있고, 세탁소도 있어요. 제가 가이드를 드리지 않아도 사장님들이 나름대로 아이디어를 내서 다 운영하세요. 핸드폰이 가장 힘들었는데, 처음에 사장님이 전화를 걸어와 자신도 운동에 참여하고 싶다고 하시더라고요. 그런데 핸드폰 대리점은 어떻게 미리 낼 수 있는지 아이디어가 도통 안 떠오르더라고요. 그때 사장님이 말씀을 주셨어요. 안 쓰는 중고폰을 깨끗하게 수리해서 사람들을 돕거나, 아니면 그걸 팔아 생긴 돈을 모아 선불요금제를 미리 내겠다고 하시는 거예요. 그랬는데 진짜 잘하시더라고요. 사람들이 폐휴대폰을 가져와서 내기도 하고, 어르신들이나 외국인 근로자분들도 많이 도와주셨어요.

병원 같은 경우는 원장님이 정말 하고 싶어 하셔서 개원 당시에 방법을 논의해보았는데요. 어르신들이 맞는 영양수액이나 수면내시경 비용을 미리 내는 게 가능하겠더라고요. 거기는 특별하게 판넬도 같이 제작해 인테리어까지 했어요. 개원할 때 주변 지인들에게 화원 살 돈으로 미리내운동에 동참하라고도 말씀하셨더라고요.

한번은 어떤 분이 틀니를 하나 미리 내고 싶다고 하시는 거예요. 그래서 치과 원장님께 말씀을 드렸어요. 틀니를 미리 내고 싶어 하는 사람이 있다고 했더니 무척 당황하시더라고요. 너무 비싼 가격이고 보험이 적용될지도 모르겠다고요. 그래서 미리 내기 전에 직원과 꼭 상담을 하는 프로세스를 만들어봐야겠다고 하시더라고요. 그 부분은 아직 진행 중이에요.

Q 처음 미리내 운동을 시작했을 때에는 어려움이 많으셨을 것 같아요. 그때 도움을 주신 분이나 감동적인 사연이 있었다면 소개해주세요.

A 가장 기억에 남는 것은 1호점이에요. 경남에 있는 '후후 커피숍'이었죠. 어떻게 보면 제일 처음으로 저를 믿어주신 분이에요. 맨 처음 미리내를 기획할 때, 주변 사람들이 '자기가 아는 카페를 소개시켜주겠다', '내가 하는 카페에 미리

내를 도입하겠다'는 등 말이 참 많았어요. 그런데 정작 운동을 시작하니까 그게 말뿐이었더라고요. 상심하고 있었는데, 아는 분이 자기네 동네에 원두커피 전문점이 최초로 생겼다고 사진을 찍어서 올리셨더라고요. 그래서 제가 메시지를 보냈죠. 사장님 좀 소개시켜달라고요. 그리고 당장 사장님께 연락을 드려 미리내가게를 설명해드렸어요. 그랬더니 당장 하자고, 지금 바로 내려오라고 하시는 거예요. 가보니까 사장님 큰아들이 전신마비 장애인이었어요. 그리고 동네 사람들이 틈날 때마다 서로 와서 휠체어도 밀어주고 도와주며 살고 있었어요. 그래서 자기도 동네 사람들에게 도움 되는 일이 있다면 무조건 하겠다고 하시더라고요. 정말 감동적이었죠.

Q 현재도 미리내가게가 잘 유지되고 있나요? 앞으로 추가 확산을 위해 어떤 노력을 하고 계신가요?

A 사실 지금은 미리내 운동본부를 폐지했어요. 이게 유명해지면서 여러 이해관계자가 생기다 보니, 의미가 변질된 것 같아서요. 그런데 저는 미리내가게를 이용해 돈을 버는 사업을 하고 싶지는 않아요. 그래서 본부를 폐지하고 저도 단순히 '미리내맨'이 되고자 해요. 이제 누군가가 인증해주어야만 미리내가게가 되는 게 아니라, 각 지역의 사장님들이 모여 자생적으로 운영할 수 있는 시스템을 만들려고 해요. 일종의 계모임이나 지역구 사장님들 모임 같은 형태가 되겠죠? 협동조합이 될 수도 있고, 마을 단체가 될 수도 있어요. 각자의 지역에서 각자의 모습으로 미리내가게가 확산되었으면 좋겠습니다. 그리고 미리내는 언젠가 재단 같은 형태로 만들 수 있을 거라 생각해요.

Q 교수님에게 있어 '봉사'와 '나눔'이란 무엇인가요?

A '기브 앤 테이크(Give and Take)'라는 말이 있죠. 그런데 우리는 너무 '테이크 앤 기브'에 익숙해져 있어요. 누가 나에게 무언가를 해주지 않으면, 나도 수지

않겠다는 마음인 거죠. 그래서 어려운 거예요. 나눔은 '순환'입니다. 자신이 가진 것 중에 장점이 있다면 그걸 나눠야 해요. 그리고 내 단점은 그 부분을 잘하는 사람의 나눔으로 메워야 해요. 내가 잘하는 것을 해서 그걸로 다른 사람의 단점이 보완된다면, 그게 바로 나눔의 순환이죠.

Q **끝으로 이 책을 읽는 독자들에게 꼭 소개해주고 싶으신 미리내가게 하나와 그 이유를 말씀해주세요.**

A 소개해주고 싶은 가게가 하도 많아서 특별히 하나를 추천해드리기가 무척 어렵네요. 이런 사례가 있었어요. 강릉 1호점인데, 어떤 손님이 인터넷에서 미리내가게라는 것을 보고 '강릉에도 이런 가게가 있어야 한다'고 생각하면서 지금의 강릉 1호점에 커피 세 잔 값을 미리 냈어요. 그래서 사장님이 미리내가게라는 것을 인터넷으로 검색하고 저에게 연락을 주셨어요. 그래서 그 카페가 강릉 1호점이 되었고요.

사실 미리내가게는 따로 미리내가게를 지정하거나 구태여 찾지 않아도 괜찮아요. 어디 카페에 가서 그냥 미리 내고 오면 돼요. 사장님에게 "커피값을 미리 낼 테니까 제 친구가 오면 커피 한 잔 주세요."라고 말하고 친구에게 문자로 알려주면 그게 미리내예요. "여기 커피가 맛있으니까 와서 한 잔 마셔봐."라고 하는 거죠. 무슨 현관을 걸고 인증을 받고 그럴 필요가 없어요. 아니면 "커피 한 잔 값을 미리 낼 테니 고생하시는 택배 아저씨께 대접해주세요."라고 말할 수도 있어요. 그거 떼어먹는 사장님은 아무도 없을 거예요. 미리내 운동도, 나눔도 그렇게 쉽게 할 수 있는 거랍니다.

COPYRIGHT

IDEA

1 축구팀의 유니폼을 칠하라

- Flickr ㅣ abbyladybug
- Flickr ㅣ Fotos GOVBA
- EC Vitoria, Hemoba Foundation, Leo Burnett Tailor Made
- Flickr ㅣ Flickr Oficial Esporte Clube

2 Gregory Project

- Flickr ㅣ Descrier
- Flagerlive
- Naked Philly
- Gregory Project

3 1600 Panda Tour

- Wavebreak Media Ltd
- Paulo Grangeon, WWF, AllRightsReserved

4 Liter of Light

- Liter of Light
- kozzi2

5 춤추는 신호등

- Smart, BBDO Germany

6 Call Someone You Love

- Flickr ㅣ Matt Robinson
- Matt Adams

7 VANK 메모지

- 정종희

8 동물 지우개

- Kikkerland

9 Pugedon

- Pugedon

10 실종아동 우표

- Missing Children's Network, Lowe Roche

LOVE

1 손으로 만지는 졸업앨범
- 3D TEK & Innocean Worldwide

2 마지막 초상화
- Mark Barone

3 펭귄 파운데이션
- Flickr | NOAA's National Ocean Ser
- penguinscience.com
- Penguin Foundation
- Marcus Brandt

4 해피 애니멀스 클럽
- Happy Animals Club

5 상상력 공장
- Flickr | Simply CVR
- Budsies

6 아프리카의 외침
- SAIH
- Flickr | Gates Foundation

7 독도 강치 이야기
- Flickr | Republic of Korea

8 Wil Can Fly!
- That Dad Blog

9 아빠의 임신
- The Book Of Everyone

10 마침내 열리는 따뜻한 결혼식
- 송지선
- 최게바라 기획사

COURAGE

1 고양이 허니비
- Honey Bee: Blind Cat From Fiji

2 장애를 이긴 질주
- 서보라미

3 보스턴 스트롱

- Flickr | Aaron "tango" Tang
- Cariad Shepherd
- Flickr | mgstanton
- Flickr | Eva Wood

4 FC 판히섬

- TMB bank Public Company
  Limited, Leo Burnett Group
  Thailand by Arc Worldwide

5 선입견

- Pro Infirmis, Jung von Matt/
  Limmat
- Flickr | Sandra Cohen-Rose and
  Colin Rose

6 시간을 거꾸로 돌리는 실험

- Flickr | Emily McCracken

7 응원의 다리

- 강주희, 이승욱, 이재권,
  장다빈, 정의홍

8 Get Closer!

- Pro Infirmis, Jung von Matt/

Limmat

9 홀스티 선언문

- Holstee

PEOPLE

1 화살표 청년

- Flickr | Caleb Roenigk
- LG의 대학생 커뮤니티, LG러브제너
  레이션(www.lovegen.co.kr)

2 태종대 두 영웅

- Flickr | Louisiana GOHSEP
- 기름유출바다 : Flickr | kris krüg
- 남해해경본부

3 돌아온 리더

- Flickr | Val D'Aquila
- Bill Marcus
- Flickr | Val D'Aquila
- Wendy Pierman Mitzel, Cami

- 부산지방경찰청

4 The Social Swipe
- Misereos, Kolle Rebbe

5 SSEKO 샌들
- Sseko Designs

6 Very Good Manner
- PCK Bardzo Dobre Maniery

8 발자국 나무
- CEPF, DDB China
- Flickr | eutrophication&hypoxia

9 미리내가게
- 미리내 운동본부
- Flickr | slworking2

10 따뜻함의 순간
- Duracell, Cossette

하루가 더 행복해지는 30초 습관

1°C 인문학

초판 1쇄 발행 2015년 10월 12일
초판 6쇄 발행 2021년 9월 6일

지은이 플랜투비
펴낸이 김선식

경영총괄 김은영
책임편집 임보윤 **크로스교정** 이호빈 **디자인** 황정민 **책임마케터** 최혜령
콘텐츠사업4팀장 김대한 **콘텐츠사업4팀** 황정민, 임소연, 박혜원, 옥다애
마케팅본부장 이주화 **마케팅1팀** 최혜령, 박지수, 오서영
미디어홍보본부장 정명찬 **홍보팀** 안지혜, 김재선, 이소영, 김은지, 박재연, 오수미, 이예주
뉴미디어팀 김선욱, 허지호, 염아라, 김혜원, 이수인, 임유나, 배한진, 석찬미
저작권팀 한승빈, 김재원
경영관리본부 허대우, 하미선, 박상민, 권송이, 김민아, 윤이경, 이소희, 이우철, 김혜진, 김재경, 최완규, 이지우
외주 스태프 표지 · 본문디자인 디자인 잔

펴낸곳 다산북스 **출판등록** 2005년 12월 23일 제313-2005-00277호
주소 경기도 파주시 회동길 490 다산북스 파주사옥 3층
전화 02-702-1724 **팩스** 02-703-2219 **이메일** dasanbooks@dasanbooks.com
홈페이지 www.dasanbooks.com **블로그** blog.naver.com/dasan_books
종이 한솔피엔에스 **출력 · 제본** 갑우문화사

ISBN 979-11-306-0634-7 (03100)

다산북스(DASANBOOKS)는 독자 여러분의 책에 관한 아이디어와 원고 투고를 기쁜 마음으로 기다리고 있습니다.
책 출간을 원하는 아이디어가 있으신 분은 다산북스 홈페이지 '원고투고'란으로 간단한 개요와 취지, 연락처 등을 보내주세요.
머뭇거리지 말고 문을 두드리세요.